박샤론

2006년 미스인천 진과 2006년 미스코리아 선이다.
섬김과 나눔의 삶을 살겠다는 다짐으로 다일복지재단에서 홍보대사, 아프리카 문화원과 함께하는 "Love For Africa" 홍보대사로 활동하며 어려운 이웃을 돕는 통로가 되고자 노력하고 있다. 또한 유학생들을 위한 YOUTH KOSTA 집회의 강사로 섬기고 있으며, 다문화복지에 관심을 갖고 외국인노동자 분들의 한글수업도우미로 매주 봉사하고 있다.
현재 CBS 리포터, 현 SBS 아이디어 하우머치 방송에 고정패널로 출연 중이다.
서울여대 불어불문학과 4학년으로 졸업을 앞두고 있으며 사회복지대학원 진학을 준비하고 있다.

상처는 별이 된다

상처는 별이 된다
평범한 목회자의 딸에서 미스코리아가 되기까지

박샤론

사랑플러스

평범한
목회자의 딸에서
미스코리아가
되기까지

쉽지 않은 결정이었다. 책을 낸다는 것, 누군가에게 내 상처들을 드러낸다는 것이 벌거벗는 것처럼 창피하다. 하지만 하나님께서는 이미 그 상처들을 반짝반짝 빛나는 별로 만드셨기에, 나는 그 놀라운 일들을 한 자씩 써내려 갈 수 있었다.

스물넷이라는 나이는 인생을 말하기에는 아직 너무나 어린 나이다. 내가 쓴 책을 본 사람들의 평가도 부담스럽다. 하지만 목회자의 자녀로서 남모를 가슴앓이를 겪고 있을 이 땅의 수많은 젊은이들에게 내 이야기로 조금이나마 위로를 주고 싶었다. 그리고 나처럼 평범한 친구들도 얼마든지 새로운 세상에 도전할 수 있다고 격려하고 싶었기에 용기를 내어 그동안의 이야기를 엮어 보았다. 나 역시 새로운 도전 앞에 서 있다. 이 책 역시 내 인생의 도전이며 과정이다. 몇 번의 제의를 받고 거절을 반복하는 사이, 거절하는 것 역시 교만이라는 아버지의 말씀에 순종했다.

오늘의 내 모습은 '부엌 속의 신데렐라를 찾아라!'에서부터 시작되었다. 전액 무료로 진행된 이 행사가 아니었다면 나는 참가할 엄두조차 내지 못했을 것이다. 행사를 주최해 주신 부평종합사회복지관 신광열 관장님과 한국일보 장재구 회장님께도 감사의 인사를 드리고 싶다. 아직도 여전히 나를 잊지 않고 찾아와 주시는 싸이 방문자들의 관심과 사랑에도 감사드린다.

겨울로 가는 길목에서
봄을 기다리는 스물넷의 청춘 사론이가

Sharon's Story

차/례/

CONTENTS

part 1
부엌 속의 신데렐라를 찾아라! 8

part 2
나의 길 찾기, 세상을 경험하다 70

part 3
상처는 별이 된다 Scars into Stars 140

part 1

부엌 속의 신데렐라를 찾아라!

나의 티아라는 우리 교회 새가족실에 비치되어 있다.
새가족실에 공개한 것은 미스코리아대회 전 과정을 거치면서
느꼈던 하나님에 대한 각별한 은혜와 감동을 전하기 위해서다.

넌 특별한 사람이야. 존귀한 하나님의 자녀라고, 힘내! 박샤론!

part 1 부엌 속의 신데렐라를 찾아라!

부엌 속의 신데렐라를 찾아서

미스 인천 선발대회 설명회가 있던 날이었다. 뒤늦게 도착한 나는 서둘러 출입문에 들어섰다. 참가자들이 둥글게 둘러앉아 있는 모습이 한눈에 들어왔다. 세련된 메이크업, 방금 손질한 듯한 헤어스타일, 하이힐, 눈부신 패션 감각…. 아무것도 모르고 씩씩하게 걸어 들어가던 나는, 순간 그 자리에 얼어붙었다. '와…. 다들 장난이 아니잖아.'

순간, 나는 나의 차림을 훑어보았다. 청바지에 검은 브이넥 티셔츠에 슬리퍼형 샌들을 신고, 머리띠 대신 선글라스를 쓴 화장기 없는 맨 얼굴. 설명회이므로 굳이 외모에 신경 쓸 필요가 없다고 생각했던 것이다.

나를 쳐다보는 참가자들의 눈길이 왠지 모르게 따갑게 느껴졌다. 솔직히 '쟤 뭐야, 놀러온 거야?' 라는 눈빛이랄까. 한마디로는 표현하기 힘든 이상야릇한 표정을 마주하니 약간의 두려움마저 느껴졌다. 하지만 얼마 지나지 않아 내 안에서 특별한 용기가 솟아올랐다.

'내게 미모와 개성이 조금 부족하면 어때. 나는 지금 새로운 경험을 하는 거야. 좋아. 내 안에 또 다른 나를 발견해 보자. 도전해 보는 거야! 넌 특별한 사람이야. 존귀한 하나님의 자녀라고. 힘내! 박샤론!'

part 1. 부엌 속의 신데렐라를 찾아라!

그날 그 포스터를 발견한 건 정말 행운이었다.
수업을 마치고 집으로 돌아오는 길에 무심코 보게 된 포스터의 문구
'부엌 속의 신데렐라를 찾아라'
'신데렐라가 부엌에 왜 있지?'라는 호기심으로
나는 포스터 속으로 빨려 들어갔다.
그 광고는 다름 아닌 '미스인천 선발대회'의 광고였다.

'에이! 뭐야 미스코리아 광고야?'라는 생각과 함께
발걸음을 돌리려는 순간 헤어, 메이크업, 수영복, 드레스 등을
일체 무료로 제공한다는 문구가 들어왔다.
'어머! 세상에! 돈이 하나도 안 들잖아~!
이건 분명히 하나님이 내게 주신 기회일 거야~'

오후 햇살이 교회 건물에 반사되고 있었다.
나는 집으로 가는 내내 알 수 없는 기대감과 설렘에 들떠 있었다.
내 방으로 들어서자마자, 좀 전의 광고를 보고 재빨리 메모한
부평종합사회복지관 홈페이지 주소를 클릭했다.
2006 미스인천 선발대회 배너광고가 한눈에 들어왔다.

'헉! 서류마감일이 내일이네!'
마감일이 얼마 남지 않았다.
방에서 발만 동동 구르다
이집트, 이스라엘 성서 지리연구를 위해
문득 부모님께서 교회 성도들과 함께
출국하셨다는 사실이 떠올랐다.
다행이었다.
부모님이 계셨더라면 미인대회에 출전하는 것 자체가 힘들었을 것이다.

계속 가슴이 콩닥콩닥 뛰고 있었다.
첫 심사는 노메이크업 심사와 인터뷰였다. 비용부담이 없었다. 예선전에서 선발된 스물네 명만이 미스인천 선발대회에 출전할 수 있다는 사실 때문에 마음도 가벼워졌다. 부모님께 걱정을 끼쳐 드리지 않고 나 스스로 새로운 세계에 도전할 수 있는 기회이기도 했다. 그리고 어쩌면 이것이 하나님이 주신 기회라는 생각도 지울 수 없었다.

참가신청서와 함께 제출할 프로필 사진을 찍어야 하는데 입을 옷이 마땅치 않았다. 원피스가 필요했다. 한참을 궁리하다가 며칠 전 스승의 날 부모님께서 커플 티셔츠를 선물로 받으셨다는 기억이 떠올랐다.
조심스럽게 옷장을 열자, 티셔츠가 포장된 채 그대로 놓여 있었다. 재빨리 티셔츠 가격을 합산해 보니 웬만한 원피스로 교환할 수 있는 액수였다. 부모님께는 죄송한 일이었지만, 모든 일들이 나를 위해 준비되어 있는 것만 같았다. (이런 사고방식이 항상 문제라니까.)

지금까지 한번도 해보지 못한 과감한 선택을 했다. 난 언제나 크고 작은 일이 발생할 때마다 부모님과 상의하여 결정하곤 했다. 그러나 그 순간만큼은 나 혼자 마음을 정했다. 부모님과 아무런 의논 없이 스스로 결정을 내린다는 것이 만만치는 않았지만 내심 흥미진진했다. 새벽녘, 출사표를 던지고자 하는 비장한 내 결의를 미니홈피에 올렸다.

2006 제50회 미스코리아 미스인천

find no cinderella-제소정 2명 대학 고등학생 인상수상

부모님께 걱정을 끼쳐드리지 않고 나 스스로 새로운 세계에 도전할 수 있는 기회이기도 했고, 그리고 어쩌면 이것이 하나님이 주신 기회라는 생각도 지울 수 없었다.

성서 지리연구에서 돌아온 부모님

성서 지리연구를 마친 부모님께서 돌아오셨다. 두 분은 내가 그동안 벌여놓은 일에 무척 놀라시는 눈치였다. 난 이미 스물네 명 중 한 사람으로 뽑혀 미스인천 선발대회에 출전하게 되었기 때문이다.

나는 애써 차분하게 내 뜻을 말씀드렸다. 그러나 아빠의 표정은 밝지 않았다. 목회자의 딸이 미인대회에 참가한다…. 어쩐지 어울리지 않는다는 생각이셨다. 그러나 내 생각은 달랐다. 나는 미인대회에 참가함으로써 '목사 딸'이라는 고정관념도 벗어버리고 싶었다.

그동안 나는 교회 울타리를 벗어난 적이 없었다. 그런 내게 미인대회 참가는 새로운 체험이며 일탈이며 젊은 날 내게 새롭게 다가온 기회였다.

"…내 딸을 믿는다. 네 선택도 존중한다. 바라는 대로 되어, 하나님과 많은 분들에게 유익이 되는 시간이 되었으면 좋겠구나."

한동안 침묵하시던 아빠가 내게 짧은 당부 한마디를 하셨다. 적극적으로 지지한다는 뜻은 아니었지만 아주 많이 달라지신 모습이었다.

언제나 그랬지만 딸을 믿어주시고 후원해 주시는 그 한마디에 참으로 감사하고 힘이 났다. 아빠와는 달리 엄마는 흐뭇하게 나를 바라보았다. 내가 기특하셨던 것이다.

아빠의 허락을 받고 나자, 한결 홀가분했다. 예선전에서 떨어지면 이십대 추억으로 나 혼자 간직한 채, 아무에게도 내색하지 않을 작정이었는데, 이제 혼자만의 잔걱정에서 자유로워질 수가 있었다.

예상치 않은 갈등 그리고 도우심

예상치 못한 일이 발생했다. 대회를 준비하던 중, 뜻밖의 구설에 휘말리게 되었던 것이다. 우연히 한 미용실의 원장님을 소개받은 것이 화근이 되었다. 피부미용에 관한 조언을 얻고자 미용실에 갔는데, 원장님은 나에게 일 년 동안 제대로 준비하여 미스코리아대회에 다시 출전하라고 충고하셨다. 내게 부족한 점이 너무 많다는 것이다. 몸매도 좀더 다듬어야 하고, 쌍꺼풀도 있어야 하고, 이래서 안 되고 저래서 안 되고….

잔뜩 의기소침해진 나는 엄마와 상의해 보겠다는 말을 남기고 부랴부랴 미용실에서 나와 버렸다. 그런데 이 일이 빌미가 되어 복지관과 미용실 사이에서 갈등이 생겼다. 복지관 관장님은 비용과 시간을 들여 이미 만들어진 후보를 뽑는 것이 아니라, 자신의 아름다움을 그대로 표현할 수 있는 후보를 뽑고자 한다는 대회 취지를 다시 한 번 강조하셨다. 그 취지에 따라 복지관은 대회를 전액 후원하는데, 미용실과 내가 대회 취지를 왜곡하고 있다고 못마땅해 하셨다.

나 때문에 이런 일이 벌어지다니, 믿기지가 않았다. 힘들고 괴롭기만 했다. 사전 심사가 내일인데, 오늘 이런 일이 벌어지다니. 나는 아빠 앞에서 울음을 터뜨리고 말았다.

"포기하고 싶어요, 아빠. 나 때문에 사람들이 싸우고 화내는 것, 정말 참기 힘들어요."

"하나님이 인도하시리라 믿는다. 솔직하게 대처하면 되는 거야. 너는 그런 의도가 아니었잖니…. 너의 결정에 맡기겠지만 오해로 생긴 일 때문에 미리 겁먹고 포기하는 건 좀 비겁해 보이는구나?"

아빠는 내심 그만두길 바라셨을지도 모르지만 나는 아빠의 말에 큰 힘을 얻었다. 나는 '진실한 마음 앞에서 열리지 않는 문은 없다. 끝까지 인내하자.'라는 마음으로 다시 일어섰다.

나의
첫 번째 고개,
미스인천 선발대회

"키가 크군요. 슈퍼모델 대회에 참가하고 싶지는 않습니까?"
"가정 상담가가 되고 싶은 이유는 무엇입니까?"
"독도 문제에 대해 어떻게 생각합니까?"
좋아하는 배우, 존경하는 인물, 감명 깊게 읽은 책 등 전날 내가 예상했던 질문은 그대로 적중했다. 신기하고 놀라웠다. 아무도 예측하지 못한 일이었다. 처음에는 우연이라고 생각했다. 그런데 그것도 너무 겹치다 보니 '아, 하나님이 지금 나를 도우시는구나.'라고 느끼게 되었다. 그렇게 생각하자, 자신감이 생겼다. 마지막으로, 대회에 참가한 이유를 질문 받았다. 나는 다음과 같이 대답했다.

> 66

며칠 전, 제목에 끌려 '드리머(Dreamer)'라는
라는 영화를 봤습니다. 제가 성경 인물 중 가장
존경하는 요셉의 별명도 드리머여서,
영화를 보기 전부터 왠지 모르게
가슴이 두근거렸습니다.

다리를 다친 경주마가 어린 꼬마의 애정으로 다시 일어나,
꿈을 이룬다는 내용인데, 실화를 바탕으로 제작된 영화라 그런지,
더 크게 감동을 받은 것 같습니다. 저는 주인공 말 소냐도르가
경주에서 우승을 하는 순간 환호성을 질렀습니다.
꿈을 이루는 과정 속에서 겪었던 아픔과 절망이 꿈을 이루면서
감동으로 바뀌는 순간을 보며 그 속에서 용기를 얻었기
때문입니다. '꿈꾸는 자의 꿈은 반드시 이루어진다!' 라는
제 믿음이 격려를 받은 기분이었습니다.
저는 꿈을 꾸고 있고, 꿈은 이루어진다는 믿음으로
이 대회에 참가하게 되었습니다.

,,

답변이 끝난 후,
심사위원들은 따뜻한 미소를 지었다.
그 표정에서 나는 좋은 결과를 얻게 될 것만 같은
행복한 예감이 들었다.

2006년 6월13일, 나는 인천문화예술회관 무대에 섰다.
미스인천대회는 많은 관중들이 참석한 가운데 순조롭게 진행되고 있었다.
다만, 부모님은 주일저녁 예배로 불참하셨다.

시간이 흘러 어느덧 수상자 발표를 앞두고 있었다.
내 이름이 불리기를 애타게 기다렸지만
내 예상은 계속 빗나가고 있었다.
마지막으로 미스인천 진 발표만 남기고
나는 나 자신을 위로하고 싶었다.

'그래, 샤론. 넌 정말 최선을 다했어.
여기서 떨어져도 후회는 없어.'
그런데 그때…
'참가번호 14번 박샤론!'
이라는 소리가 들렸다.

순간, 꿈을 꾸는 것 같았다.
'미스인천 진, 박. 샤. 론.'
사회를 맡은 왕종근 아나운서의 격앙된 목소리에
미스인천 선발 대회장인 인천문화예술회관은
환호와 박수소리가 가득 울려 퍼졌다.

꿈만 같았다.

대회 전날까지 나갈까, 말까 한참 고민했던 내가,

대부분의 사람들에게 미스코리아는 어렵다는 말을 들었던 내가,

미스인천 진의 영예를 안았다.

주체할 수 없는 기쁨은 눈물이 되어 멈추지 않고 흘러내렸다.

"하나님께 이 모든 영광을 돌립니다. 감사합니다."

더 이상 말을 이을 수가 없었다.

나중에 어떤 인터뷰 자리에서

미스인천 진으로 발표되었을 때

그렇게 하염없이 눈물을 흘린 이유가 무엇인지 질문을 받았다.

나는 이렇게 답변했다.

> 정말 눈물이 많이 났어요. 좋은 결과를 기대했지만 인천 진으로 뽑히게 되리라고는 정말 기대하지 못했거든요. 제 부족함을 알았기 때문이에요. 3위 안에만 들어도 젊은 시절 좋은 추억으로 간직할 수 있겠다고 생각해 왔기 때문에, 감격이 배가 되었나 봐요.

고운 것도 거짓되고 아름다운 것도 헛되나
오직 여호와를 경외하는 여자는 칭찬을 받을 것이라 (잠 31:30)

part 1. 부엌 속의 신데렐라를 찾아라!

부엌 속에 있던 저를
신데렐라로 만들어 주신 만큼
낮은 자리에서 섬기는 자의
삶을 살겠습니다.

_미스인천 진 수상 소감

각각의 반응들

평온하던 우리 집이 술렁대기 시작했다. 미인대회에 참가하겠다는 나를 말리지도, 지지하지도 못했던 아빠는 막상 내가 미스코리아 본선에 진출하자 무척이나 당황스러워 하셨다. 당연히 떨어지리라 생각했는데, 털컥 붙어 버렸으니, 완전 큰일이 난 셈이다.

기대하지 않았던 것은 나도 마찬가지였다. 그러나 이왕 이렇게 된 이상 뭔가를 해야겠다는 막연한 생각으로 매일 꿈에 부풀어 갔다.

아빠의 고민은 그때부터 시작되었다.

'미스코리아가 하나님의 영광을 드러낼 수 있을까, 과연 하나님 보시기에 합당할 것인가, 성도들은 뭐라 생각할 것인가, 떨어지면 샤론이가 받을 충격은 얼마나 클까, 경제적으로 후원을 해 줄 수 있을까?'

아빠는 이런 고민에 휩싸여 그때부터 하나님과 진지한 대화, 기도를 시작하셨다.

아빠와는 달리, 엄마는 적극적으로 나서 주셨다.

자세 교정, 식습관, 예절 교육, 피부 관리, 몸매 관리, 말씨에 이르기까지 전문적인 코칭까지는 아니었지만 경험을 통해 터득하게 된 노하우를 집중적으로 가르쳐 주셨던 것이다. 특히 조금만 마음 놓고 먹어도 쉽게 살이 쪄 버리는 나의 체질 때문에 식사 시간 때마다 엄마와 나는 미묘한 신경전을 벌이기도 했다.

교회 성도들의 반응도 가지각색이었다.

'우리 교회 청년부 샤론 자매가 미스인천 진이라니? 정말 샤론 자매가 미스인천 진이야?' 왠지 미스코리아는 특별한 세계에서만 벌어지는 일들이라 생각했는데, 늘 가까이에서 보고 지내던 청년부 자매에게 그런 일이 일어나다니, 믿기지가 않는 모양이었다. 정말 부엌 속에서 신데렐라가 탄생한 셈이다.

교회 집사님들은 이웃들과 친척들에게 교회 목사님 딸이 미스인천 진이라고 입소문을 내셨다. 덕분에 평소에는 교회에 나오지 않던 분들이 미스인천을 보려고 교회에 왔다가 예수님을 영접하고 교회에 등록하기도 했다. 감사한 일이었다.

예배가 끝난 후 사인을 받으러 온 주일학교 아이들 때문에 한동안 곤혹스럽기도 했다. 교회의 기쁨이 온 마을의 축제로 번져 민망하게도 아파트 주민들이 현수막까지 걸어주시기도 했다. 아파트 입구를 지나다닐 때마다 얼굴이 화끈거릴 정도로 쑥스러웠지만, 한편으로는 본선이 열릴 때까지 기분 좋은 흥분과 설렘으로 행복했다.

part 1. 부엌 속의 신데렐라를 찾아라!

한 달이 흘러 미스코리아 전국대회 합숙훈련 입소일이 성큼 다가왔다.
평소 티셔츠와 청바지를 즐겨 입었던 나는 마땅히 입을 옷이 없었다. 한참 고민하다가 까만 원피스 한 벌을 구입했다. 그런데 문제는 메이크업이었다. 밋밋한 맨얼굴보다는 나름 최대한 성의를 보인 모습으로 입소하고 싶었다.
화장품이라고는 스킨, 로션, 자외선 차단제가 전부였기 나는 어떻게 메이크업을 해야 할지 몰랐다. 결국 백화점 화장품 코너에 가서 사정을 이야기하고 메이크업 서비스를 받을 수 있었다. 자연스러우면서도 깨끗한 이미지를 강조한 메이크업이 완성됐다. 어색했지만 마음에 들었다. 감사하게도 샘플까지 넉넉히 챙겨 주셔서 나중에 요긴하게 사용할 수 있었다.
설렘과 기대, 약간의 두려움이 뒤섞인 기분으로 경기도 기흥에 위치한 한 콘도에서 25박 26일의 일정이 시작되었다.
미스인천 진이 된 후 나의 가장 큰 고민은 본선대회를 치르기 위한 준비물이었다. 드레스, 신발, 평상복, 트레이닝복까지 모두 내겐 커다란 부담이었다. 이런 일들을 염려하고 있을 때 하나님께서는 또 한 번 기적을 일으키셨다. 미스코리아 50주년, 반세기를 맞이하여 공정성을 기하기 위해, 주최 측에서 모든 물품을 협찬하여 지원해 주기로 결정한 것이다.

25박 26일 미스코리아 워크숍

『네 안에 잠든 신데렐라를 깨워라』를 다시 읽기 시작했다. 아빠가 나에게 권해 주셨던 책이었다. '세상을 날고 싶은 여자를 위한 셀프 리더십'이라는 문구가 마음에 들었다. 마치 나를 위한 내용처럼 느껴졌기 때문이었다. 어쩌면 내게 주는 아빠의 간접적인 메시지일 수도 있었다.

이번 일 역시 내 안에서 '잠자는 신데렐라'를 깨운 사건이었다. 그러나 단순히 신데렐라의 꿈을 이루기 위한 일만은 아니었다. 이것 또한 하나님께서 예비한 과정이며 준비된 결과라는 확신이 들었다.

미스코리아 참가 후보들과 합숙이 시작되고 나서부터, 나는 혼란스러워졌다. 참가자 모두 나와 비슷하리라 생각했는데, 사실은 그렇지 않았다. 메이크업과 헤어스타일 손질이 능수능란한 후보들이 많았다. 이를테면, 훈련되고 준비된 후보들이었다.

나 자신이 너무 초라하다는 느낌을 지울 수 없었다. 내세울 만한 것도 없고, 들판에 홀로 남겨진 느낌이었다. 몸매 관리, 피부 관리는 물론 앉는 법, 말하는 법, 장기자랑에 이르기까지 전문적인 트레이닝을 받은 후보들과 함께 경쟁할 자신이 없었다. 어떤 자세로 대회에 참가해야 할지도 몰랐다.

MISS KOREA WORKSHOP

첫 가족 면회가 있던 날, 보름 만에 찾은 엄마의 품이 얼마나 큰 위로가 되었던지. 힘내라고 집사님들이 정성껏 준비해 오신 음식들을 함께 나누며 즐거운 시간을 보냈다. 평소 '고모'라고 부르며 소소한 이야기도 스스럼없이 나눌 수 있는 가족 같은 분들이었다. 그동안 집사님들이 열정적인 기도로 나를 후원하고 있었다는 사실이 떠올랐다.

서서히, 합숙 동안 내내 내 머릿속을 지배했던 '혼자'라는 단어가 사라지기 시작했다. 그리고 미스인천 선발대회 직전의 사건을 통해 얻은 교훈을 생각했다. 대회 규정에 정직하게 따르고, 주최 측에서 제공하는 교육과 훈련에 제대로 참가하는 것이 최선이라는 교훈 말이다.

메이크업 강의는 내게
너무나 요긴했다.

가족면회 이후,
나는 워킹이나 예절교육, 봉사활동 등 쉴 새 없이 이어지는
커리큘럼을 매시간 열심히 배우고 익히는 데 최선을 다했다.
특히 화장을 잘 하지 않아 화장에 서툴렀던 나에게
메이크업 강의는 굉장히 요긴했다.
가장 부러웠던 것은
빠른 템포의 음악에 맞춰 자신 있게
섹시 댄스를 뽐내는 참가자들의 모습이었다.
그들의 유쾌하고 활달한 이미지를 닮고 싶었다.

너희 단장은 머리를 꾸미고 금을 차고 아름다운 옷을 입는 외모로 하지 말고
오직 마음에 숨은 사람을 온유하고 안정한 심령의 썩지 아니할 것으로 하라
이는 하나님 앞에 값진 것이니라 (벧전 3:3-4)

사실 나는 어려서부터 대학생이 될 때까지
늘 교회 안에서만 생활했다.
또래들과 어울릴 기회가 부족했던 것도 사실이다.
참가자들이 빠른 템포의 댄스를 멋지게 소화하는 동안
나는 유리에 비친 뻣뻣한 내 모습을 쳐다보았다. 몸치 그 자체였다.
그런 내 모습이 속상하기도 하고, 다급한 마음이 들기도 했지만
그 순간만큼은 내가 갖지 못한 것에 연연할 때가 아니었다.
숨 가쁘게 이어지는 합숙훈련은 체력 싸움이나 마찬가지였다.
한가할 틈이 없었다.
오로지 하나님께서 내게 주신 값진 달란트를
최대한 선용해야 할 시간이었다.

또래들과 어울린 경험이
부족했던 것도 사실이었다.

아빠의 편지는
내 마음의 훈장

아빠의 가슴이 오죽 답답했을까.

나는 어쩔 수 없이 철없는 딸인가 보다. 이메일로 합숙 상황을 전하다 속마음을 와락 내비치고 말았다. 하소연을 해 버린 것이다. 마음 약한 우리 아빠의 새벽기도는 나 때문에 한없이 길어지셨을 게 뻔했다.

두 번째 가족 면회 때, 바쁘셔서 오지 못하시는 것이 미안하셨던지 아빠는 엄마 편으로 기도문이 적힌 긴 편지를 보내셨다.

에스더가 아하수에로의 왕비로 간택되기까지 얼마나 많은 우여곡절을 겪었는지, 연약한 여인 에스더가 하나님의 섭리로 어떻게 이스라엘 민족을 구원하는 도구로 쓰임 받았는지, 아빠는 편지에서 강조하셨다. 왕비로 간택되기까지, 간절하게 하나님의 도우심을 구했을 에스더를 떠올리며 기도하라고 하셨다.

전능하신 하나님 아버지,
우리 샤론이를 주님의 복으로 복 주시기를 원합니다.
믿음의 딸 에스더가 2천 명이 넘는 아름다운 페르시아의 여인들 사이에서
오직 하나님의 인도하심을 신뢰하며 기죽지 않았던
그 믿음으로 함께해 주십시오.
바로 왕 앞에서도 담대하게 하나님의 영광을 선포했던
모세의 담대함으로 함께해 주시기를 원합니다.
거인 골리앗 앞에서도 오직 하나님을 의지하며 주님의 영광을

선포했던 다윗 같은 용기를 주시옵소서.
오직 하나님의 이름을 높이고 하나님의 영광을 드러내며
많은 사람들을 위해 섬김의 삶을 실천할 수 있도록 역사하여 주시옵소서.
하나님의 전능하신 손으로 함께하시고 하나님의 지혜와 명철로
함께해 주시옵소서. 그래서 마땅히 대답할 말을 기억하게 하시고
겸손과 당당함을 함께 겸비하여 인터뷰를 잘 성취하게 하여 주시옵소서.
샤론이를 바라보는 심사위원들의 마음을 감동하게 해 주셔서
주목하여 샤론이의 장점과 아름다운 면들을 보게 하옵소서.
오직 주님의 영광, 영광을 나타내며 하나님의 상급이 되게 하옵소서.
예수님의 이름으로 기도하옵나이다. 아멘

추신: 존귀한 우리 샤론!
하나님께서 너를 위해 준비하신 인생의 무대 위에서 당당하게 서기를 바란다.
최선을 다하고 절대로 포기하지도 말고.
며칠 후면 만나겠구나. 몸조심하고 세종문화회관에서 만나자.
아빠도 마음 굳게 먹고 기도하며 우리 샤론이를 응원할게.
사랑한다, 사랑한다.
- 존귀한 샤론이의 열렬한 후원자, 아빠가

기도문은 대회기간 내내 내 마음의 훈장이 되어 주었다. 덕분에 나는 차분하고 당당하게 대회에 임할 수 있었다. 마음이 분주하고 혼란스러울 때마다 에스더를 떠올렸고 '목적을 잃어버리지 않는 사람은 하나님의 때에 반드시 들어 쓰신다.'라는 아빠의 말씀도 마음에 새겨 놓았다.

합숙 마지막 날이었다. 사전 심사가 이루어졌다. 이 과정에서 대회 결과가 판가름 나는 게 아닐까 싶을 정도로 심사는 치밀하고 세심하게 진행되었다. 참가자들은 어깨띠 없이 번호표만 달고 심사위원 앞에 앉아 이야기를 나누어야 했다. 심사위원들은 후보자들의 외모뿐 아니라 말씨와 태도, 꾸밈없는 모습, 인격이나 심성에 큰 비중을 두는 것 같았다. 주로 가치관, 최근 시사 등에 관한 질문이었다.

먼저 수영복 차림으로 워킹한 후 포즈를 취해야 했다. 나는 수영복 차림이 어색하여 매번 긴장하곤 했다. 허리를 곧게 펴고 자신 있게 팔꿈치를 세운 다음, 손을 가지런히 허리춤에 놓아야 하는데, 그게 뜻대로 되지 않았다. 수없이 반복해도 여전히 부자연스러웠다.

틈틈이 연습을 거듭했다. 다리에 쥐가 날 정도로 걷고 또 걸었다. 주변 후보들의 코칭을 받기도 하고 괜찮다는 평가를 듣기도 했지만 스스로 어색하다는 느낌이 들어 매번 자신감을 잃어버리기 일쑤였다. 이런 경험을 반복하면서 문득, 가장 큰 장벽은 바로 나 자신이라는 생각이 떠올랐다. 자신과의 싸움에서 이긴 자만이 진정한 승리자임을, 다시 한 번 깨닫게 된 것이다. 조금이라도 자신감이 사라질 때면 하루에도 수십 번씩 나 자신을 격려했다.
'그래, 넌 할 수 있어, 잘하고 있어. 잘 될 거야. 감사함으로 최선을 다하고 있다면 넌 이미 승리자야. 내 안에 잠자고 있는 잠재 능력을 계발하자.'

20여 명의 심사위원과 일 대 일로 인터뷰가 이루어졌다. 심사 과정의 질문들은 한시도 긴장을 늦출 수 없을 정도로 구체적이었다.

인터뷰는 서너 시간 동안 진행되었다. 그중 인기 탤런트 차인표 씨와의 만남이 가장 인상적이었다. 나는 무엇보다 하나님의 영광을 드러내는 삶을 살아가는 하나님의 사람, '차인표' 씨가 너무 좋았다. "실물이 더 미남이시네요." 예전부터 그의 팬이었던 나는 만나자마자 자연스레 말을 건넸다. 이후 나는 말문이 트여 그의 컴패션 사역과 봉사활동에 관심을 보이며, 나도 멋진 사역을 감당하는 미스코리아가 되고 싶다고 지지를 호소했다. 차인표 씨는 끝까지 나를 지지해 주셨다. 역시 그는 멋진 사람이었다. 하하.

나는 실수 없이 답변했다. 심사위원들의 표정이나 말투를 보아 무리는 없었던 것 같다. 긴장한 탓인지 내가 어떻게 대답했는지 기억나지 않는 부분도 있었지만 대체로 만족스러웠다. 한 후보는 미용실에서 제시한 예상 질문 100개를 거의 외우다시피 했다는데, 제대로 답하지 못했다며 자책하기도 했다.

예전에 엄마와 함께 미스코리아대회를 시청하면서 나름대로 진선미를 평가했던 적이 있었다. 내 예상을 빗나간 후보가 선발되면 심사 결과를 신뢰하지 않았다. 그런데 합숙을 하면서 한 가지 느낀 점이 있다. 미스코리아 본선에서 나타나는 모습이 전부가 아니었다.

대회 결과는 후보들을 여러 각도로 세밀하게 평가를 거듭한 결과였다. 평상시 눈에 보이는 외모뿐 아니라 건강한 육체, 좋은 품성을 지닌 진정한 아름다움을 소유한 후보가 좋은 결과를 얻는다는 사실을 알았다. 평소 자기관리가 되지 않는다면 결코 쉽지 않은 과정이었다. 미스코리아에 대한 편견과 소문들이 사실이었다면 내가 미스코리아 최종 순위에 들기란 매우 어려웠을 것이다.

하나님,
선이었으면 좋겠습니다
선이면 충분합니다

2006년 8월 3일, 세종문화회관이 떠들썩했다. 교회 성도들이 내 이름이 쓰인 현수막을 높이 치켜든 채 나를 응원해 주고 계셨다. 주로 중·고등학부 학생들이 있는데 교사인 나를 응원하기 위해 각각 3만 원이나 되는 티켓을 구입하여 2층 자리를 채워 주었다. '박샤론'이라는 이름이 호명될 때마다 2층에서 함성이 쏟아져 나왔다. 다른 후보의 응원단들보다 훨씬 큰 소리였다. 정말 동방신기 부럽지 않았다.

미스코리아 선발대회는 개그맨 남희석 씨와 미스코리아 출신 아나운서 김지혜 씨가 공동 진행을 맡았고 노홍철 씨가 보조진행자로 동분서주하고 있었다. 디자이너 앙드레 김 심사위원장을 중심으로 십여 명의 심사위원들도 심사를 진행하고 있었다. 각기 자신의 분야에서 검증된 전문성을 바탕으로 후보들의 일거수일투족을 주의 깊게 살피고 있었다.

그런데, 긴급 상황이 벌어졌다! 드레스와 수영복, 구두 등은 후원을 받았지만 액세서리와 자유복을 미처 준비하지 못했던 것이다. 대회 당일, 마땅히 드레스와 수영복에 어울리는 귀걸이가 없다는 말을 전해 듣고 고모들은 남대문시장으로 달려가 2만 원짜리 귀걸이를 구해다 주었다.

네티즌들 사이에서 꽤 호평을 받았던 검은 숏팬츠와 흰색 수영복 차림도 그렇게 급조된 패션이었다. 수영복 상의는 고모들이 구해 주었으며 하의 숏팬츠는 다른 후보에게 빌려 매치하였다. 그만큼 '고모들'의 열정은 대단했다. 너무나 감사한 손길들이었다. 이러한 후원과 사랑이 없었다면 나는 대회를 무사히 치를 수 없었을지도 모른다.

시간이 흐르면서 나는 차츰 마음을 비울 수 있었다. 이 자리까지 이끄신 것만으로도 감사할 따름이었다. 역대 미스코리아들을 떠올려 보더라도 나와는 좀 달랐다.

'쌍꺼풀 수술을 했더라면 어땠을까?' '다이어트로 허리 사이즈를 좀더 줄였으면 어땠을까.' 쓸데없는 생각이 들었다.

누가 보더라도 나는 미스코리아 감이 아니었다. 쌍꺼풀이 예쁘게 진 눈매도 아니었고 얼굴이 주먹만하지도 않았다. 키가 너무 큰 것도 불리했다. 나는 역대 미스코리아 중 가장 키가 크다고 들었다. 슈퍼모델 대회가 더 어울린다는 말도 종종 들었다. 178센티미터. 피트로 환산하면 5.83피트, 거의 6피트에 가깝다. 서구적인 몸매에 지극히 동양적인 평범한 얼굴, 이것이 나다. 오직 이것이 나만의 매력이었다.

이제 열다섯 명을 선발하는 자리였다. 먼저 호명된 후보들은 차례차례 무대 앞으로 나아가 일렬횡대로 늘어서 있었다. 14번째 후보가 호명되고, 마지막 15번째가 불릴 차례였다. 누구일까. 나머지 후보들은 잔뜩 긴장하고 있었다.

그때 '52번 미스인천 진 박샤론' 내 이름이 불렸다. 나는 떠나갈 듯한 박수를 받으며 무대 앞으로 걸어 나갔다. 믿어지지 않았다.

경선은 그것으로 끝나지 않았다. 동점자 2명을 포함한 1차 통과자 열일곱 명 후보는 다시 일곱 명으로 좁혀졌으며, 미스코리아 미에는 김유미, 박희정, 박성민 언니가 선발되었다. 미스 한국일보에는 김수현의 이름이 불렸다. 남은 후보는 세 사람, 하니 언니, 윤서 그리고 나였다. 잠시 후, 다시 미스코리아 선에 윤서의 이름이 크게 울려 퍼졌다.

이제 마지막을 장식할 진과 선으로 구별되는 순간만이 남아 있었다. 사회자의 멘트를 기다리며 관중들은 숨을 죽였다.

하니 언니와 내가 나란히 발표를 기다리게 된 것이다. 이런 일이 내게 일어나다니 정말 믿을 수 없었다.

'오, 주님.' 나는 다급한 마음으로 기도했다.
'하나님, 선이었으면 좋겠습니다. 선이면 충분합니다.'

제겐 眞보다
더 값진
善입니다

온통 찬물을 끼얹은 듯 조용했다. 숨 막히는 순간이었다. 눈으로 바삐 아빠를 찾았다. 얼핏 고개를 숙이고 있는 아빠의 모습이 보였다. 아빠 역시 선이 되길 기도했다고 한다. 마침내 오십 번째 미스코리아 진으로 하늬 언니의 이름이 불렸다. 객석에서 환호와 박수가 쏟아졌다. 마주보는 환한 미소를 짓고 있는 언니의 눈가에는 눈물이 번지고 있었다.

남희석 씨는 하늬 언니가 티아라를 물려 받는 동안 여러 차례 '미스코리아 선은 박샤론'이라고 강조해 주었다. 참 좋았다. 미스코리아 진의 영광에 가려지는 선의 모습이 안타까워서 그랬을까. 아낌없이 나를 지지한 성도들의 아쉬움을 대신 전해 주는 것 같았다.

하늬 언니가 티아라를 물려받는 모습은 참 아름다웠다. 미스코리아 진 티아라는 대회 전부터 월계수 잎을 정교하게 형상화한 것으로 화제가 되기도 했었다.

그런데 어쩐 일인지 다음 순서로 내가 티아라를 쓰는 모습이 방송되었다. 역대 미스코리아 대회를 돌이켜보면 선의 모습은 미스코리아 진이 왕관을 물려받은 후 천천히 행진하는 장면에 가려졌었는데. 방송 사고인지 알 수 없었지만 나로서는 영광스러운 일이었다.

1등만을 강조하는 세상에서 2등이 되게 해달라는 기도가 합당했는지는 알 수 없다. 그러나 내 기도를 들어주신 하나님! 점수는 1점 차이였다. 너무나 신기하고 놀라운 결과였다. 진이 되지 못해 아쉬울 법도 하건만 전혀 그런 마음이 들지 않았다. 오직 감사한 마음이었다. 나는 미스코리아 선 수상 소감을 이렇게 말했다.

'티아라를 물려받는 모습'

"돈, 명예 아무것도 가진 것 없는 제가
이 상을 받을 수 있었던 건
전적으로 주님의 은혜입니다.
제겐 진眞보다 더 값진 선善입니다."
나의 티아라는 우리 교회
새가족실에 비치되어 있다.
미스코리아대회 전 과정을 거치면서
느꼈던 하나님에 대한 각별한
은혜와 감동을 나누기 위해서다.

45

대회의
이모저모
스케치

초대가수와 후보들의 축하 공연으로 시작된 미스코리아 대회는 드레스 퍼레이드와 인터뷰 심사, 수영복 심사 등으로 숨 가쁘게 이어졌다. 한 달여 동안 합숙하며 혼신의 노력을 다한 우리의 무대, 나의 무대였다. 객석의 열기는 대단했다. 후보들은 지친 기색을 보이다가도 막상 무대에 오르면 밝은 미소와 능숙한 포즈로 최선을 다했다. 미스코리아다웠다.

본선 심사 이외에 앙드레김 패션쇼, 비보이와의 합동 공연, 댄스스포츠 등 다양한 무대가 펼쳐졌다. 후보들은 한결같이 합숙기간 동안 갈고 닦은 기량을 유감 없이 펼치려고 무던히 애썼다. 몸이 유연하지 않았던 나는 필시 뻣뻣공주가 아니었을까 싶다. 그나마 맨 앞줄이 아니어서 다행이었다.

드레스는 임의로 지정되는 것이 규정이었다. 그래서 나는 대회 당일까지 어떤 드레스를 입게 될지 전혀 알 수 없었다. 그저 드레스를 입을 수 있다는 사실에 감사하며 나에게 예쁜 드레스가 지정되길 바랄 뿐이었다.

나는 검정 드레스와 금빛 드레스를 받았다. 금빛 드레스는 발목을 드러내는 독특한 디자인으로 우아하고 고급스러웠으며 검정 드레스는 심플하고 깔끔한 느낌이었다. 전부 마음에 들었다. 어두운 드레스를 입으면 순위에 들지 못하는 속설이 있어 검정 드레스를 꺼리는 후보도 있었지만 나는 전혀 개의치 않았다.

보조진행자였던 방송인 노홍철 씨는 화려한 드레스를 입고 일렬로 서 있는 최종 결선 후보들을 차례차례 인터뷰하기 시작했다. 특유의 과장된 몸짓과 짓궂은 입담에 웃음소리가 끊이지 않았다. 재치 있게 답변하는 후보들에게는 박수갈채가 쏟아졌다.

오렌지빛 코사지가 달린 검은 드레스를 입은 나는 열다섯 번째로 호명이 됐다. 천천히 무대 중앙으로 나갔다. 잠시 후 내게 다가온 노홍철 씨는 다른 결선자들과 마찬가지로 질문을 던졌다.

"만약 의심 많은 남자, 거짓말하는 남자, 능력 없는 남자 중 꼭 한 사람을 선택해야 한다면 어떤 분을 선택하시겠습니까?"
"정말 선택하기 곤란한, 정말 선택하고 싶지 않은 상황인데요. 꼭 선택해야 한다면 능력 없는 남자를 선택하겠습니다."
"이유는요?"
"바보온달과 평강공주의 이야기처럼 능력 없는 남자를 능력 있는 남자로 만들 수 있는 능력이 제게 있기 때문입니다."

그 짧은 순간, 부모님의 얼굴이 떠올랐다. 바보온달과 평강공주 이야기가 꼭 아빠를 향한 엄마의 내조와 닮았다고 느꼈다. 물론 아빠는 능력 있는 분이시다. 그러나 천막 교회를 개척하시면서 닥쳐 온 고난의 무게는 젊은 목회자 혼자서는 감당하기 힘든 짐이었을 것이다.

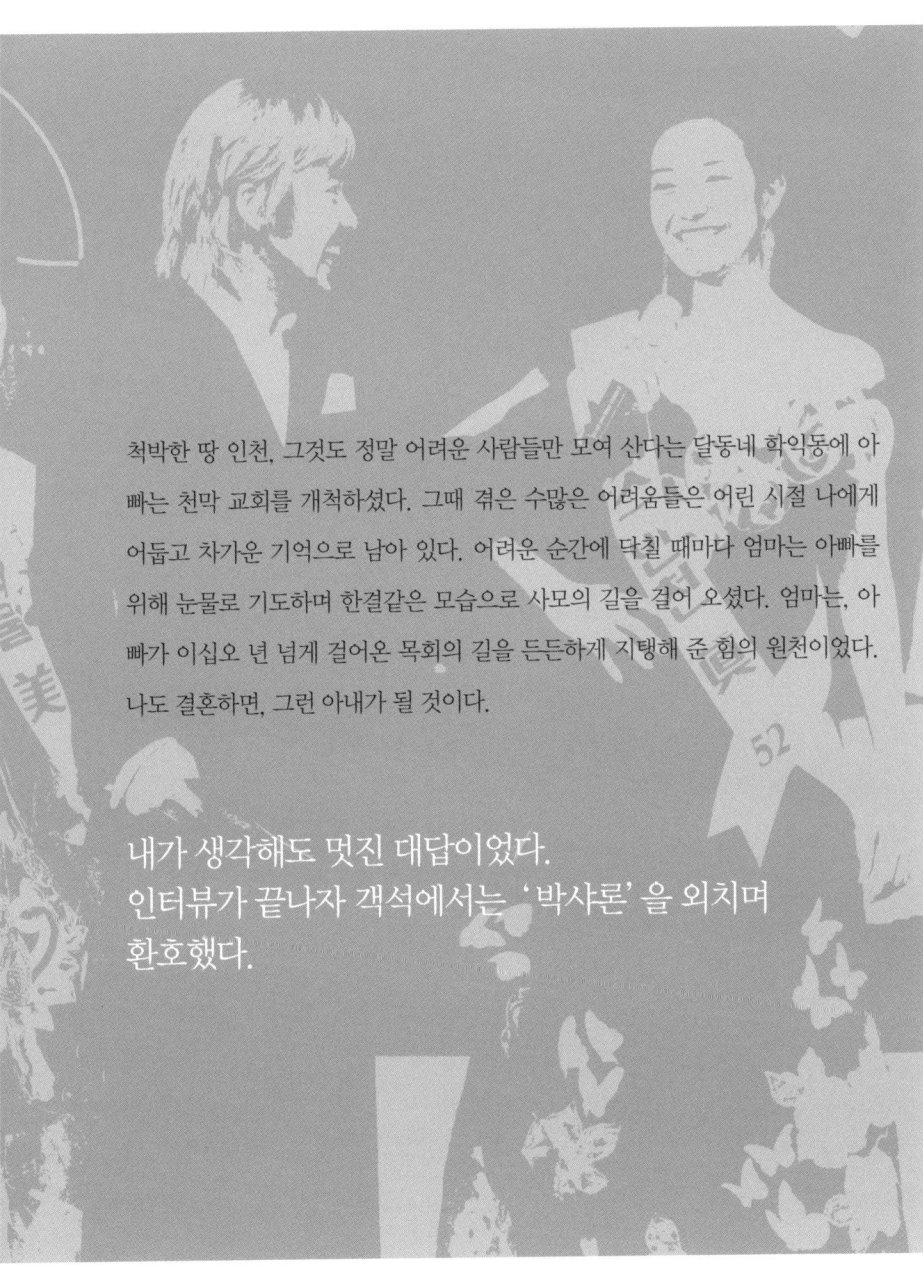

척박한 땅 인천, 그것도 정말 어려운 사람들만 모여 산다는 달동네 학익동에 아빠는 천막 교회를 개척하셨다. 그때 겪은 수많은 어려움들은 어린 시절 나에게 어둡고 차가운 기억으로 남아 있다. 어려운 순간에 닥칠 때마다 엄마는 아빠를 위해 눈물로 기도하며 한결같은 모습으로 사모의 길을 걸어 오셨다. 엄마는, 아빠가 이십오 년 넘게 걸어온 목회의 길을 든든하게 지탱해 준 힘의 원천이었다. 나도 결혼하면, 그런 아내가 될 것이다.

**내가 생각해도 멋진 대답이었다.
인터뷰가 끝나자 객석에서는 '박샤론'을 외치며
환호했다.**

김지혜 아나운서는 내 이름의 의미에 대해 질문했다. 박샤론이라는 이름이 흔한 이름이 아니기 때문이었다.

"아빠가 목사님이세요. 샤론은 성경책에 나오는 동산 이름인데, 작지만 아주 아름다운 동산이래요. 많은 사람에게 아름다운 영향을 줄 수 있는 사람이 되라는 뜻으로 직접 지어주셨어요. 미약하나 영향을 끼치고 섬기라는 이름입니다."
그리고 아빠가 샤론 스톤의 팬이냐며 가벼운 놀림을 받은 적이 있다는 말을 덧붙였다.

가끔 대회 동영상을 볼 때마다 난 나의 대답에 깜짝 깜짝 놀란다. 그 당당함, 의연함, 하나도 떨리지 않은 듯한 표정, 말투 그건 분명 내가 아니었다. 그 순간 하나님께서 함께하셨다. 그래서 난 지금도 동영상을 볼 때면 눈물이 난다.

대학 졸업 후 진로에 대해서는, 청소년들의 상처나 스트레스를 치유하는 상담사 역에 동참할 수 있기를 소망했다. 미스코리아에 대한 편견에서 벗어나서, 드러내는 아름다움이 아니라 어려운 사람을 위해 나누고 섬기는 내면적인 아름다움을 드러내고 싶다. 그런 의미에서 내 이름이 샤론이라는 것은 중요한 의미를 가진다고 생각한다.

어려서부터 나는 내 이름이 좋았다. 작지만 아름다운 동산이라는 뜻의 그 이름이 담고 있는 소망처럼 연약하지만 그렇게 쓰임 받으며 살아갈 수 있기를 기도하고 있다.

part 1. 부엌 속의 신데렐라를 찾아라!

1957~

내 인생에서
얻게 된
소중한 기회…

1957년 시작된 미스코리아 선발대회는 50회 수상자인 나를 포함하여 353명의 미스코리아를 배출하였다. 녹원회가 그 모임이다. 한때는 소녀들의 우상으로, 연예계의 등용문이자, 여자아이에 대한 최고의 찬사로 미스코리아는 아름다움의 대명사가 되었다. 그러나 이제는 미스코리아의 입지가 예전에 비해 많이 축소되고 있는 듯하다. 대회가 끝나고 얼마 지나지 않아, 시사 프로그램에서 '미스코리아가 되려면 1억이 든다.'라는 방송이 보도 되기도 했다. 또한 대회 심사위원이었던 미스코리아 선배 금나나 씨는 미스코리아 타이틀은 동전의 양면이며 타이틀 때문에 생겨난 주위의 선입견에서 벗어나는 것이 쉽지 않았다고 했다. 그리고 미스코리아 진이 되어 좋았던 기억은 이름을 호명하는 순간, 잠시뿐이었다고 했다. 얼마 지나지 않아 일상으로 돌아와야 했다는 것이다.

그러나 내 입장은 조금 다르다. 단지 예쁜 사람을 뽑는 자리였다면 내가 뽑히는 일은 없었을 것이다. 한 월간지에서는 내가 수상한 것이 '독특한' 경우라고 했다.

미스코리아 준비과정은 혹독한 훈련의 연속이다. 합숙기간 내내 나 자신과 싸워야 할 뿐 아니라 화장하지 않은 얼굴로 심사위원과 일 대 일 대화를 나누는 전인적인 심사도 이십 대 여성으로서는 도전할 만한 일이라고 믿는다.

내 인생에서 가장 잘한 일은 미스코리아에 출전한 일이다. 그 생각에는 변함이 없다. 미스코리아 선의 타이틀은 하나님이 주신 축복이기 때문이다. 나누고 섬기는 복지관의 후원을 받아 미스코리아가 된 것 또한 우연히 아니었다.

나는 지금도 아빠와의 처음 약속, 하나님과 이웃에 아름다운 영향을 미치는 사람이 되라는 말씀을 잊지 않았다. 상금 전액을 파라과이 빈민을 위한 선교기금으로 기부함으로써 그 첫발을 내디딘 셈이다.

2006~

포털 사이트 검색어 순위 1위

최종 결선 채점 결과는 하늬 언니가 7점, 내가 6점, 윤서가 4점이었다. 하늬 언니와는 1점 차이였다. '진 못지않은 선'이라며 네티즌의 반응이 뜨거웠다. 포털 사이트 검색어 순위에도 1위를 차지했다. 나는 미니홈피에 내가 미스코리아 선 트로피를 받는 장면을 올리고, 그날의 영광을 메모로 남겼다. '제게 기적 같은 일이 일어났습니다.' 그런데 순식간에 하루 방문자 수가 무려 45,000명을 넘어섰다. 놀라운 일이었다. 연예인도 아닌 나에게 쏟아진 네티즌의 관심은 대단했다. 불과 몇 달 만에 높은 관심을 한 몸에 받게 된 것이다.

내 미니홈피에 올린 사진과 짤막한 글은 각종 포털 사이트에서 화제가 되었다. 사진 속에 나는 '섹시하면서도 깜찍한 매력, 육감적인 몸매'라는 평가를 받았다.

part 1. 부엌 속의 신데렐라를 찾아라!

네티즌의 평가는 다양했다. '178센티미터의 큰 키에 동양적인 선이 돋보이는 얼굴', '큰 키와 둥근 얼굴, 동그란 콧날과 매력적인 눈매가 동양적인 아름다움', '말도 잘하고 눈매가 선하고 한국적인 미를 지녔다.'는 등 네티즌의 평가는 다양했다. 인기를 분석한 자료에는 '다리가 엄청 길어서' '쌍꺼풀이 없는 100퍼센트 순수 자연 미인이라서' '검소하고 소박해서' 등이 이유로 나타났다.

재미있는 에피소드가 있다. 어떤 기자가 내가 몇 등신인지 궁금한 나머지 준비해 온 줄자로 얼굴 길이와 키를 잰 것이다. 내 얼굴은 정확히 19센티미터, 키가 178센티미터였으므로 나누면 9.3등신이라며 '과연 이기적인 몸매'라고 표현한 것이 인상적이었다. 이런 평가들이 내겐 사뭇 민망하고 쑥스러웠지만 감사 또 감사할 뿐이었다.

그뿐이 아니었다. 인터넷에 팬클럽 카페가 셋으로 늘어나고, 각종 댓글이 꼬리에 꼬리를 물었으며, 무수한 말들이 넘쳐나고 있었다. 어쩌다가 올라오는 악플은 나를 힘들게 했다. 나에 대한 악플은 그렇다지만, 목회자인 아빠와 교회를 향한 악플이 올라올 때는 너무나 죄송스러웠다. 내가 기독교인이라는 것이 비난의 이유가 되었으며 덫이 되기도 했다. 오해와 공격이 있었지만 칭찬과 격려의 댓글이 훨씬 많다는 게 감사하고 위안이 되었다.

요즘 악플로 인해 연예인들이 고통 받고 자살하는 사례를 보면 너무 가슴이 아프고 안타깝다. 자신만의 존재가치, 내가 얼마나 존귀한 하나님의 사람인가를 안다면 그렇게 쉽게 사랑하는 가족들과 이별하지 않을 텐데.

그래서 나는 가끔 너무 억울한 소리를 들을 때면 '울트라반사'를 외친다. 좋은 언어는 아름다운 향기가 되어 내 주변을 맴돌고 상처의 언어는 메아리처럼 다시 그 사람에게 되돌아간다는 이치를 나는 믿는다. 그리고 매순간을 최고의 축복이라고 믿으며 지금 이 순간보다 더 좋은 때는 없다고 생각한다.

인생이란,
슬픈 날 가장 행복하게 웃는 용기를 배우는 것이다.

신데렐라
요술할머니를
만나다

미스코리아 대회가 끝나고 며칠이 지나지 않아 미스월드 대회 참가에 필요한 서류꾸러미가 도착했다. 영문 자기소개서를 비롯한 각종 서류들, 칵테일 드레스 몇 벌, 이브닝드레스 몇 벌, 정장 몇 벌, 일상복, 힐 세 켤레 이상 등 준비할 품목이 다양했다. 난감한 일이었다. 이 많은 것들을 언제 어떻게 준비해야 한단 말인가. 한국을 대표하는 '국가적인' 준비물도 있었다. 태극기, 무궁화 씨앗, 조약돌 등이 그것이었다. 행사 중 자선경매에 내놓을 한국적인 물품은 물론, 물품을 소개하는 말, 배경음악 선별까지 일일이 자세하게 기록되어 있었다. 그뿐만이 아니었다. 110개국 참가자에게 줄 선물을 낱개 포장하여 내 연락처가 인쇄된 스티커를 부착해야 했다. 남은 기간은 3주 남짓.

정신이 없었다. 그저 하라는 대로 해야 한다는 생각뿐이었다. 어떠한 사전 정보도 없던 나는 분석하고 선별할 능력이 없었다. 그러나 그때는 적당히 선별하여 올인 해야 한다는 것을 알지 못했다. 무조건 해내야 한다고 생각했던 것이다.

무엇보다 가장 부담스러운 것은 돈, 비용이었다. 집안 형편상 참가 비용을 마련할 수 있는 처지가 아니었다. 매일 기도하고 하나님께 간구했다. 미스코리아대회를 후원한 디자이너에게 드레스를 부탁해 봤지만, 다른 패션쇼가 잡혀 있어서 불가능하다는 답변을 받았다. 절망적이었다. '이대로 포기해야 하나…'.

하지만 나는 절대 포기할 수 없었다. 하나님이 주신 기회인데 어떤 방법으로 영광 받으실지는 하나님의 몫이었다. 나는 그저 최선을 다해야만 했다. 고민을 하던 중 문득 아빠가 남미 코스타 강사로 참석할 때 따라갔다가 만난 박초영 권사님이 떠올랐다. 유수한 의류업체 경영자이셨고 무척 자상하고 친절한 분이셨다. 나는 지체하지 않고 권사님에게 사정을 설명하고 도움을 청했다. 신데렐라를 도왔던 요술할머니처럼 권사님은 흔쾌히 드레스 디자이너 권형민 선생님을 소개해 주셨고, 헤어와 메이크업을 배울 만한 미용실을 연결해 주셨다. 하나님의 인도하심이었다. 내 기도에 하나님이 응답하셨다.

권형민 선생님의 드레스는 너무나 아름다웠다. 피팅을 하면서 그 멋에 심취되었다. 비즈로 가득한 드레스, 요정 같은 초록 드레스, 블랙의 심플한 드레스들은 화려함보다 단아함이나 수수함, 우아함을 강조했다. 그러나 샌들이 문제였다. 협찬받을 길이 막막했다. 세계대회 준비물 품목에 '힐 세 켤레 이상'이라고 되어 있었는데, 내 신발 중에 힐은 한 켤레도 없었다. 골똘히 고민하던 끝에 무작정 신세계 백화점의 한 구두매장에 들렀다. 얼마 전에 신발을 구매했던 구두 매장이었다. 단지 낯설지 않다는 이유로 찾아간 것이다.

part 1. 부엌 속의 신데렐라를 찾아라!

"저, 미스코리아 선 박샤론인데요, 여기서 구두를 산 적이 있는데, 디자인도 마음에 들고 편안했습니다. 이번 미스월드 대회에 신을 하이힐을 협찬받고 싶습니다. 구입할 형편이 아니라서요. 한 켤레만 구입하고 두 켤레는 협찬받을 수 있는지요?" 그저 막무가내 정신이었다. 어떠한 확신이 있었던 것도 아니었다. 상황이 나를 담대하고 씩씩하게 만들어 준 것이다. '안 된다고 하면 말지, 뭐. 방법이 없는데, 어떡해. 할 수 있는 방법은 이것뿐이잖아.' 그런 생각이었다. 지점장은 어딘가 전화를 걸더니 이내 답변을 주었다. 오케이였다. 힐을 고르라는 것이다. '주여, 감사합니다!'

디스플레이 된 힐 중 매력적인 디자인이 있었다. 커다란 큐빅이 달린 T자형 스트랩 힐 샌들이었다. 금색 힐이었는데, 같은 디자인으로 은색, 검은색, 흰색을 가지런히 바닥에 내려놓았다. 이처럼 예쁘고 화려한 힐을 신을 수 있다는 게 믿어지지 않았다. 이번 일이 아니었다면 내가 9센티 하이힐을 신을 일은 없었을 것이다. 바닥에 놓인 네 켤레를 바라보던 지점장은 싱긋이 웃더니 더 고르라고 했다. 와우, 선물이 마구 쏟아지는 기분이었다. 뱀피 힐 하나를 더 고르면서 가슴이 마구 두근거렸다. 모두 다섯 켤레. 이제 신발 걱정은 내려놓을 수 있었다. 다음 주까지 주문 제작을 하겠다고 했다.

미스코리아 대회 당시에는 협찬사가 있어서 부담이 없었는데, 어쩐 일인지 세계대회에는 아무도 손잡아주는 사람이 없었다. 일일이 직접 발로 뛰어다녀야 했다. 그런데 간절히 구하면 주시는 하나님이 계셨기에 깜짝 놀랄 만한 도우심으로 준비물은 서서히 차고 넘치게 되었다.

메이크업과 화장품은 끌로에 미용실의 도움을 받게 되었다. 색조화장품은 가장 기본적인 컬러여서 두고두고 쓸 수 있는 것이었고, 선생님이 별도로 화장법을 가르쳐 주셨다. 김선진 선생님은 시원스런 미소와 열린 마음으로 나를 도와주신 고마운 분이셨다. 대회 참가 날짜가 촉박했으므로 한 가지 콘셉트를 정해 화장법을 반복하여 배웠다. 얼굴을 도화지로 삼고 연습하고 연습했다.

제법 시간이 지나 메이크업이 자연스러워지자 자신감이 넘치고 예쁘다는 평을 들을 수 있었다. 신기했다. 시간을 투자하고 정성을 들일수록 메이크업 효과는 확연히 드러났다. 또 김선진 선생님이 한복디자이너 박술녀 선생님과 강희숙 선생님을 소개해 주셔서 아름다운 한복과 세련된 정장을 빌려 입을 수 있는 행운도 얻게 되었다.

하나님의 귀한 인도하심이었다. 또 이 모든 것은 든든한 기도의 후원자 박초영 권사님의 도우심으로 가능했다. 정말 많은 분들께서 도와주셔서 미스월드 대회에 출전할 수 있었다. 지금 생각해도 감사하고 또 감사하다. 그 은혜를 오래도록 기억할 것이고 또한 나도 누군가에게 그런 은혜를 베풀면서 살아갈 수 있기를 지금 이 시간도 기도하고 있다.

그런데 한 문제가 해결되면 다른 문제가 생겼다. 이번에는 장기자랑이었다. 별다른 장기가 없던 나는 이왕이면 한국을 알리는 데 기여하고 싶어서 부채춤을 준비하기로 했는데 부채춤을 배울 곳이 마땅치 않았다.

수소문 끝에 3분짜리 부채춤을 아빠 지인의 도움으로 시작할 수 있게 되었다. 그러나 한국무용에 대해 전혀 기초가 없는 내가 사흘만에 부채춤을 완성하기란 너무나 버거운 일이었다. 하지만 포기할 수 없었다. 연습생이 없는 시간을 택해야 했기 때문에 새벽마다 서울의 연습실을 찾아갔다.

부채를 들고 빙빙 돌다가 급기야 구토까지 하고 감기, 몸살, 고열로 한참을 힘들어해야 했다. 몸이 아프니 마음이 약해진 것일까 새벽녘, 아무도 없는 연습실에서 서러운 눈물이 하염없이 흘렀다. 그러나 그 눈물이 헛되지는 않았다. 110개국 미스월드 선발대회에서 주눅 들지 않고 당당히 한국의 아름다움을 알려 20위 안에 드는 좋은 점수를 받게 된 것이다.

그래
가는 거야~

드디어 폴란드 바르샤바를 향해 출국하는 날이 되었다.
교회에서 할머니 할아버지, 엄마, 아빠, 교회 고모들과 함께 모여
간절히 기도드리고 인천국제공항으로 출발했다.

공항에는 벌써 도착한 기자들이 기다리고 있었다.
배웅을 나오신 부천종합복지관 관장님의 모습이 보였다.
할아버지는 기자들에게 묵직한 가방을 내보이시며
미스월드 대회에 출전한 후보들에게 한국을 알리기 위해 준비한
선물꾸러미라고 하시며 하나씩 보여 주기 시작하셨다.

미스월드 선발대회에 대한 각오를 묻는 한 기자의 질문에 나는
"정말 열심히 하겠습니다.
최선을 다해서 좋은 성적을 내고 오겠습니다.
세계에 한국의 미, 가장 한국적인 아름다움을 알리고 싶습니다."라고
지극히 상투적으로 대답했다. 하지만 그것은 진심이었다.
또 다른 기자는 행복하냐고 물었다.
그 질문에 나는 먼저 빙그레 웃으며
"행복하다고 믿고 싶어요. 또 행복해지려고 노력하고 있어요."라고
답변하였다.

사랑하는 가족인 할아버지, 할머니, 엄마, 아빠, 오빠가 있어 행복했다.
나를 위해 어디든지 마다 않고 찾아와서 기도로 후원해 주시는
고모들(교회 집사님들)이 있어 너무 든든하고 행복했다.
이런 사랑 덕분에, 나는 모든 두려움을 극복하고 새로운 세계에 도전할 수 있다.
9월 1일 오전 11시. 나는 인천국제공항을 출발했다.

폴란드, 미스월드 선발대회

미스월드 선발대회 장소는 폴란드의 바르샤바였다. 9월 1일부터 30일까지 110개국 후보자들과 합숙하고 30일에 대회가 열리게 되었다. 대회는 세계 110개국의 최고 미인들 중에서 각 대륙별로 미스 아시아태평양, 북유럽, 남유럽, 카리브해, 아메리카, 아프리카를 2명씩 선발하고, 그 외에도 수영복, 탤런트, 스포츠, 봉사활동 등 4개의 이벤트를 통해 1차 예선 통과자를 가리게 되어 있었다. 최종적으로는 대륙별로 미인 1명씩을 뽑고 대회의 하이라이트인 미스월드 1, 2, 3위를 선발한다.

바르샤바의 공항에 도착하자 여러 나라의 후보들을 만날 수 있었다. 대회가 시작되었다는 사실이 실감이 났다. 며칠 후 미스월드 후보 소개란에는 나에 대해 짤막한 소개가 올라와 있었다.

박샤론은 한국의 항구도시 인천에서 태어났으며 서울여대 불문과에 재학 중으로 가족 상담사가 되는 것이 꿈이다. 아버지가 목회자여서 열악한 지역으로 선교 비전 트립을 다니며 필리핀과 파라과이 어린이들을 가르치기도 했다. 또 플루트와 피아노를 연주하고, 클래식 음악 감상을 즐기며 한국무용과 수영을 좋아한다. 가장 좋아하는 음식은 김치찌개다.

part 1. 부엌 속의 신데렐라를 찾아라!

내가 수영복, 탤런트, 스포츠, 봉사활동 등 네 차례에 걸친 예비심사 중에서 탤런트 부분이 20위, 스포츠 부분이 24위 내에 진입하자, 국내에서 본선 진출을 기대할 수 있다는 기사가 보도되었다. 선전을 당부하는 팬들의 응원 글이 미니홈피에 한없이 이어졌다.

*샤론의 꽃~ 샤론의 향기가 온 세상 속에 널리 널리 퍼져 나가길

 기도하며. (2006. 09. 20 13:10)

*샤론아~~ 힘내. 기도 많이 할게. (2006. 09. 20 17:16)

*참 잘했어요.~ (2006. 09. 21 00:52)

*저도 매일 와요~ 팬입니다 ^-^ ㅋ 댓글 신동 __ :: (2006. 09. 16 00:03)

*샤론님을 미스월드 당선되게 하자고요. (2006. 09. 13. 13:40)

*미스월드 네티즌 투표 시작되었어요. 방명록에 투표방법 적어놨으니

 꼭 샤론님께 투표하세요. (2006. 09. 13. 13:39)

*주님의 사랑 안에서 승리하기길 기도드려요. 힘내시고요.

 많은 사람들이 응원하고 있답니다. (2006. 09.12 01:56)

그러나 정말 아쉽게도 결선에서는 좋은 결과를 얻지 못했다. 나는 미니홈피에 미스월드 선발대회 참가 소감을 이렇게 남겼다.

정말 열심히 뛰었다.
심장이 터질 것 같이 노력해서 톱 24위 안에 들었지만
안타깝게도 넘버원이 될 수는 없었다.
미스월드 선발대회에 출전함으로 전 세계 후보들과
어깨를 나란히 하며 많은 친구들을 사귀었고
새로운 세계에서 많은 것들 보고 경험하고
톱 24위 안에 든 것만으로도
내게는 충분히 족하고 감사한 결과였다.
모든 여정 속에 함께하신 하나님께 감사드린다.

낯선 세상에서 낯선 사람들과 함께 나는 내가 알지 못했던 세상을 접했다. 그 일이 내게는 너무 감사하다.

나는 모든 면에서 너무나 어리고 부족했다. 그 점 때문에 나는 도전을 받으며 늘 나와 동행하시며 위로가 되시는 하나님을 더 많이 묵상하게 되었다. 세계 대회 이후, 책장을 둘러보다 예전에 읽었던 존 맥스웰의 『실패를 딛고 전진하라』가 눈에 띄었다.

"실패해도 괜찮다.
성공한 사람들은 많은 실패를 딛고 일어섰기에 성공했다.
실패하지 않는 보통 사람이 되지 말고 실패하는 성공자가 되라.
넘어져도 앞으로 넘어지라. 사람들은 이럴 때 변화한다.
그들이 당해야 하는 것 이상으로 충분히 상처를 받을 때….
당신이 어떤 나쁜 경험으로부터 배우고
그것을 좋은 경험으로 바꿀 수 있다면 인생에서 큰 변화를 만들 수 있다."

그래, 나는 다시 일어설 것이다.

긍정의 사람은 최악의 환경에서도 반드시 좋은 점을 찾아내는 능력을 가지고 있다. 자신에게 늘 좋은 일이 생길 것이라는 확신으로 살아가자. 모든 일은 가능하다. 원하는 모든 것은 현실로 이루어진다.
- 빅터 프랭클

part 2

나의 길찾기, 세상을 경험하다

"인생에서 우리의 과업은 다른 사람들을 앞서는 것이 아니라
우리 자신을 앞서는 것이다." 스튜어트 존슨의 말이다.
이제 미스코리아가 아닌
하나님의 존귀한 사람 박샤론으로 살아가고 싶다.

여호와는 나의 목자시니 내가 부족함이 없으리로다
그가 나를 푸른 초장에 누이시며 쉴 만한 물가로 인도하시는도다 (시 23:1-2)

나는 일찍이, 그저 평범하기를 간구했다.

그래서 유년기부터 무의식적으로 항상 내 속에는 '평범'이라는 잣대가 있어,
그 기준에 맞추어 행동하려고 했다.
하지만 또래보다 한 뼘 넘게 자란 키로
어딜 가나 사람들의 눈에 띌 수밖에 없었을 뿐더러,
'목사 딸'이라는 닉네임이 따라다니는 한 평범한 삶을 살기란 힘든 일이다.
누가 특별히 뭐라고 하는 것도 아닌데 아빠가 목사님이시니까
착하게 행동해야 한다는 생각이 어린 마음에 부담이 되었다.
그래서 늘 착한 학생, 예의 바르고 반듯한 모범생이 되기 위해 애를 쓰며 살았다.
눈에 띄는 행동을 자제했으며, 공부할 때나 친구들과 지낼 때,
그저 무슨 일이든 최고가 되겠다고 발버둥친 기억보다는
중간에 있는 쪽이 마음이 편해 그쪽을 선택했다.

part 2. 나의 길찾기, 세상을 경험하다

늘 지극히 평범하게 살아가려 했던
내 속에 특별한 것이 잠재되어 있음을 깨닫게 된 기회,
그것이 바로 미스코리아대회였다.
하나님께서 내게 주신 달란트로 시도한 도전이었다.
한 사람, 한 사람 서로 다른 개성을 뽐냈던
아름다운 경쟁 막바지에서
내 이름이 불린 순간은,
키 크고 수줍음 많던 그 아이가 특별해지는 순간이었다.

그 순간은
평범하기를 구했던 딸에게 주신
하나님의 커다란 축복이었으며,
내 인생의 반전의 순간이었으며,
한번도 가 보지 않았던 길을 발견한,
내 생애 최고로 신비롭고 놀라운 사건이었다.

미스코리아가 된 후, 달라진 변화를 적응하려던 시기에
'거북이 마라톤'에 참가하는 기회가 생겼다.
트레이닝복 차림에 한국일보를 알리는 어깨띠를 두르고
일 년 동안 매월 셋째 주일 아침,
남산에서 시작되는 마라톤에 참가해야 하는 활동이었다.
처음에는 그다지 내키지 않았다.
인천에서 남산까지 가려면 새벽부터 서둘러야 했고,
비가 오나, 눈이 오나, 추우나, 더우나 반드시 참여해야 한다는 사실이
부담스러웠기 때문이다.
그래서 8km에 해당하는 마라톤 코스를 책임감 반,
의무감 반으로 완주해 나갔다.

그런데 봄이 지나고
무더운 여름이 다가올 때
거북이 마라톤은 내게
새로운 소망을 가져다주었다.
그때부터 나는
마지못해 참가하는 것이 아니라
새로운 도전을 꿈꾸게 되었다.

미코 동기들과 행복한 교제를 나누며 동질감이 점점 강해졌다. 그리고 세상은 넓고 할 일은 많다는 것을 다시 한 번 확인했다. 시민들을 만나 "한국일보입니다, 맛있게 드세요."라고 인사하며 간식을 나눠 주는 것도 길거리에서 전도지를 돌리는 때와는 색다른 기분이었다.

미스코리아임을 피부로 느끼며 마라톤에 참가하면서, 우리의 삶도 추우나 더우나 달려야 하는 마라톤 같다고 생각했다. 무작정 달려가려고만 하다 보면 자칫 중도에 쉽게 포기하게 되듯, 인생에서도 지치지 않기 위해서는 비탈길과 언덕길에서 숨고르기를 해야 한다는 것 또한 깨달았다.

평범한 삶을 추구하던 내가 한국일보를 홍보하고, 동기들과 함께 나눔의 기쁨을 누리게 된 장소는 교회가 아니었다. 화려한 의상과 조명이 있는 특별한 무대가 아니었다. 서울 시민과 함께하는, 지극히 평범한 자리였다.

새롭게 하소서, 다일공동체 홍보대사

최일도 목사님과 오미희 씨가 진행하는 CBS TV 〈새롭게 하소서〉에 하늬 언니와 함께 패널로 출연했다. 우리 둘 모두 그리스도인이었기 때문이다. '여성의 상품화'라는 따가운 시선을 받는 한국의 대표 미인 두 명이 기독교 방송에 출연하는 터라 설레는 마음이 들었다.

목회자의 딸이 미스코리아 선에 선발되었다는 이유로 나는 당시 갖가지 억측과 오해를 받고 있었다. 그러나 그날은 내 모습을 있는 그대로 솔직하게 드러낼 수 있는 시간이었다.

방송이 아직 낯선 내게 최 목사님과 오 선생님은 살갑게 대해 주셨다. 마치 교회 공동체에 있는 것같이 편안했다. 그래서였는지 지나치게 긴장하지는 않았다. 무엇보다도 다시 한 번 '하나님의 은혜'를 간증하게 되어 기뻤다. 미스코리아로서, 하나님의 영향력을 발휘하고 복음의 선교사로 활동할 수 있기를 소망하는 기도제목을 내놓았다. 그것은 진정한 아름다움은 하나님을 경외하고 나누는 마음에서 비롯된다는 내 믿음의 고백이기도 했다.

하늬 언니와 함께 방송에 출연할 때면 나의 존재는 왠지 미미하게 느껴지곤 했다. 어디를 가나 1등이 높은 관심을 받는 것은 당연하다. 그런데 〈새롭게 하소서〉에서는 그렇지 않았다.

1등과 2등이 아니라 동등한 패널로서 존중받을 수 있었다.
어쩌면 목회자의 딸이라는 프로필 때문이었는지도 모른다.
게다가 최 목사님은 '내가 심사위원이라면 샤론 씨를 진으로 뽑았을 텐데.'라는
돌발 발언을 해서 모두를 놀라게 하기도 했다.
방송을 마친 최 목사님은, 나에게 다일공동체 밥퍼 홍보대사를 제안했다.
목사님의 사역은 이미 널리 알려져 있었으므로 나는 흔쾌히 수락했다.
그저 목사님의 제안에 감사할 따름이었다.

밥퍼 홍보대사

청량리의 밥퍼 본부를 방문하면서 홍보대사의 사역이 시작되었다. 그곳은 청량리 노숙자들에게 매일 밥을 나눠 주는 사역이 이루어지는 곳이었다. 그날 홍보대사 증서를 수여받은 나는, 단체복인 초록색 점퍼와 조끼, 그리고 책 한 꾸러미를 받았다. 책은 목사님께서 따로 준비해 주신 것으로, 홍보대사 활동을 위해 필요한 읽을거리였다.

그리고 얼마 지나지 않아 캄보디아로 봉사활동을 떠났다. 다일공동체 분원이 그곳에 있었던 것이다. CBS 〈수호천사〉 촬영 팀과 함께 4박 5일의 일정으로 갔다. 리포터로서 홍보대사로서 1인 2역을 감당하는 시간이었다. 나는 방송에서 이렇게 설명했다.

"캄보디아 아이들의 눈망울이 참 예뻐요. 이곳 아이들이 모두 하나님께 복을 받았으면 합니다. 밥퍼 사역은 정말 의미 있는 일입니다. 생명을 살리는 사역이지요. 캄보디아에서 100달러면 350명의 어린이에게 생명의 밥을 나눠 줄 수 있습니다."

밥퍼 사역은 캄보디아 프놈펜과 시엠립 두 곳에서 이루어지고 있었다. 지속적으로 그곳에서 봉사하고 있는데, 그곳을 방문할 때마다 마음이 뭉클해진다. 가난한 아이들, 순수한 영혼의 아이들이 바로 내게 천사였던 것이다. 나는 밥을 나누어 줄 때마다 아이들에게 말한다.

"어꾼뿌레아, 예수. 예수님, 감사합니다."
아이들은 곧잘 따라했다. 어꾼뿌레아, 표정은 밝았으며 맑은 눈망울에는 가득 웃음을 담고 있었다. 아이들은 선물이었다. 코 흘리면 닦아 주고, 더러우면 씻기고 싶었다. 손톱 끝이 새까만 아이들의 손톱을 깎아 주고, 흐르는 눈물을 멈추게 하고 싶었다.

나중에 은혜의교회 그레이스 아카데미 아이들 육십여 명과 함께 캄보디아를 다시 방문하게 되었다. 아이들은 여전히 맑고 순수한 눈망울을 가지고 있었다. 우리는 아이들의 목욕을 돕기로 했다. 칠백 명이 족히 넘는 아이들을 모두 씻기는 일은 쉽지 않았다. 물을 길어다가 식수로 쓰는 처지였기 때문이었다. 여러 각도로 궁리한 끝에 고무 호수를 연결하여 물을 공급받을 수 있었다. 작은 믿음, 작은 순종도 선용하는 하나님이셨다.

우리는 조를 나누어 역할을 분담했다. 1조는 윗옷을 벗겨서 줄을 세우면, 2조가 물을 끼얹고 비누질하고, 3조는 머리를 감기고, 4조는 미리 준비한 티셔츠로 갈아입혔다. 목욕시키는 일은 이른 아침부터 해질 무렵까지 이어졌다. 씻는 일이 익숙하지 않아서인지 머리를 감을 때 아이들의 눈빛에는 두려움이 가득했다. 머리를 감기고 수건으로 물기를 닦아 주면서 마주했던 그 행복했던 눈망울이 지금도 기억에 남는다. 샤워가 끝나고 우리가 직접 만든 음식을 나누어 주었다. 먹고 또 먹고 세 번까지 음식을 받아가는 아이들도 있었다.

우리의 한 끼 식사분량이라는 적은 물질만으로도 그 아이들 수십 명에게 식사를 제공해 줄 수 있다는 사실을 안 그레이스 아카데미 아이들은 돼지저금통을 털고 받은 용돈을 아껴 구제헌금을 드리는 일에 열심을 내게 되었다. 어려움을 겪는 이웃을 직접 보고 체험하고 난 후 아이들은 자신들이 누리는 행복이나 풍요로움이 부모님의 기도와 땀의 결실이라는 것을 깨닫게 된 것이다.

저녁 무렵 현지 아이들이 깨끗한 천사의 모습이 되었을 때 우리의 모습은 처음과는 많이 변해 있었다. 옷도 다 젖고, 손은 퉁퉁 불어 있고, 온몸은 땀으로 범벅이 되어 있었다. 그리고 많은 양의 음식을 준비했는데도 음식이 모자라서 점심도 먹지 못한 채 지칠 대로 지쳐 있었다. 그러나 소중한 사랑을 실천했다는 그 기쁨은 어느 것과도 바꿀 수 없는 행복이 되어 우리의 마음을 든든하게 채워주었다.

일 년이 지난 후 나는 미스코리아 녹원회 회원들과 다시 그곳에 갔다. 녹원회는 미스코리아 수상자들의 모임으로 예쁜 외모만큼 따뜻한 마음으로 봉사활동을 하는 공동체다. 특별히 2008년 Return to Green 이라는 제목으로 진행된 환경캠페인의 성금을 모아서 캄보디아에 우물을 파 주는 활동을 한 것이다. 가장 기본적인 마실 물이 없어서 죽어가는 사람들을 위한 첫 걸음에 동참할 수 있어서 무척 감사했다.

part 2. 나의 길찾기, 세상을 경험하다

'수호천사' 날개 달고 연탄 나눔

CBS TV 사회복지 프로그램인 〈수호천사, 사랑의 달란트를 나눕시다〉는 매주 화요일 정오에 방송되는 질병과 빈곤에 시달리며 복지 사각지대에 놓인 가정을 후원하는 기부 프로그램이다. 방송 모금뿐만 아니라 교회, 기관, 기업 등의 후원을 받아 도움을 받을 가정과 일 대 일로 연결해 주는 '수호천사 네트워크' 작업을 병행하고 있었다.

그동안 나는 이 프로그램의 '사랑 나눔' 코너의 현장 리포터였다. 방송에 출연한 가정이 방송 이후 어떻게 변화된 모습으로 살아가는지 소개하는 역할이었다. 그리고 진행자인 허기복 목사님은 바로 '연탄은행'을 운영하시며 가난한 이웃에게 연탄을 나누는 삶을 실천하는 분이셨다.

어렸을 때부터 '허기진'이란 별명으로 불릴 정도로 배고팠던 목사님은 친히 위로자가 되어 주었던 예수님의 마음으로 이웃의 천사로 '밥상 공동체'와 '연탄은행'을 운영하고 계셨다. 그해 겨울, 나는 목사님 사역에 동참하기로 했다. 연탄이 필요한 이웃에게 조금이나마 보탬이 되고자 칠십여 개의 연탄 저금통을 가져왔다. 은혜의교회 대안학교인 그레이스 아카데미 학생들에게 나누어 주고 동참하기 위해서였다.

아이들은 한목소리로 참여 의사를 밝혔다. 나와 아이들은 2주 동안 아끼고 절약한 용돈으로 저금통을 채워 갔다. 따뜻한 마음을 담은 동전 하나하나가 눈송이처럼 소복소복 쌓여 가고 있었다.

당고개역 근처 연탄은행을 향해 출발하는 날, 육십여 명의 아이들과 함께 교회 버스에 올라탔다. 친구 서린이와 몇몇 선생님들도 동참하였다. 아이들의 고사리 같은 손에는 연탄 모양의 저금통이 들려 있었다. 기부금으로만 사역을 진행할 수 없다는 허 목사님의 말씀에 모두가 함께 봉사하기로 한 것이다.

우리들은 릴레이로 연탄을 배달하기로 했다. 일렬횡대로 서서 연탄을 나르기 시작했다. 목사님의 제안으로 경사가 심한 언덕길에 배치된 우리들은 옆 사람에게 연탄을 전하고 전했다. 시간이 지날수록 얼굴에는 연탄 자국들이 하나 둘 늘어나고 볼, 콧잔등 이마에 훈장처럼 시커멓게 묻은 연탄 자국을 바라보며 깔깔거리기 시작했다. 혹시 실수라도 하여 떨어뜨릴까 조심스럽게 전달했다.

여럿이 함께하는 일에 서툰 우리 아이들에게는 훌륭한 현장 교육이었다. 또한 사랑하는 친구 서린이와 함께한 사역이기에 더욱 뜻 깊은 하루였다.

작은 일에도 귀하게 쓰신 하나님!
자판기 커피 한 잔의 정성이 가난한 이웃들에게
따뜻한 겨울을 보내게 한다는 사실에 모두가 기쁨으로
봉사한 하루였다.

MBC 드라마넷
'엠박스'
단독 MC

미스월드 선발대회를 다녀오고 얼마 지나지 않아서였다. 케이블채널인 MBC 드라마넷 '엠박스'의 단독 MC를 덜컥 맡게 되었다.
미스코리아로서 첫 연예계 활동을 시작한 박샤론!
위트 있는 말솜씨로 단독 MC 발탁!
미모뿐 아니라 빼어난 말솜씨를 선보여 이미 많은 팬을 확보한 신예 스타!
MBC 무비스를 통해 방송되는 '엠박스'는 드라마와 영화 전문 프로그램으로, 기상캐스터 출신 안혜경 아나운서가 진행하고 있었다. MBC 드라마넷 관계자는, MBC 드라마넷이 미스코리아 대회 주관 방송사인 만큼 수상자들의 끼와 재능을 마음껏 펼칠 수 있는 기회를 제공해야 한다고 했다. 그런 차원에서 내가 발탁된 것은 당연하다는 평이었다.
신문이나 방송의 헤드라인을 본 주변 사람들의 반응은 좋았지만 나는 그렇지 않았다. 부담스러웠다. 잘할 수 있을까. 걱정이 태산이었다. 하지만 모르면 용감하다지 않던가.
첫 촬영을 앞둔 날, 미리 받은 대본을 열심히 그야말로 달달달 외웠다. 오직 외우는 일에 최선을 다했다. 아나운싱을 훈련받지 않은 나로서는 오직 그것만이 최선이었다.
촬영은, 새벽 한 시경 한 극장 로비에서 시작되었다. 심야영화 관람객들이 힐끔거리며 지나갔다. 사람들이 많은 곳에서 유독 집중력이 떨어지고 산만한 나는 벌써 정신이 없었다. 변명하자면, 교회에서 성장한 탓일 것이다.

한 사람과 인사를 나누다가도 누군가 다가오면 또 그 사람과 눈인사를 하는 일이 예사였다. 짧은 시간에 수많은 사람들의 안부를 묻고 인사하기를 반복해야 하는 교회에서 굳어진 습관 때문에 내 눈길은 옮겨 다니기 일쑤였다. 촬영감독, 조명감독, 연출, 구성작가 등 십여 명의 촬영진과 여기저기 설치된 방송 장비들 속에서 집중을 한다는 것은 나에게는 쉬운 일이 아니었다.

촬영은 순조롭지 못했다. 실수할 때마다 숨죽인 한숨 소리, 인상 찌푸린 표정, 피로에 지친 얼굴들 속에서 나는 당황스럽기만 했다. 방송을 알지 못하고, 훈련도 전혀 되어 있지 않은 내게 '단독 MC'는 너무 크고 무거운 타이틀이었다. 안혜경은 두 시간이면 끝냈는데, 하는 뒷소리가 들리자 나는 더욱 의기소침해진 나머지 실수를 연발하였다. 결국 밤을 지새우고 나서야 그 자리를 벗어날 수 있었다. 아침이 밝아오고 있었다.

"다음 주 촬영 땐 좀 더 연습하고 와야 한다. 수고했어."

한 스태프의 충고와 격려를 뒤로 한 채 돌아서는 나는 지칠 대로 지쳐 있었다. 다음 촬영일이 다가오자, 첫 촬영 때보다 훨씬 심한 부담감에 짓눌리기 시작했다. 잠을 이룰 수 없었다. 대본을 외웠으나 아무 소용이 없었다. 첫 촬영을 떠올리기만 하면 모든 것이 멈춰 버리는 듯했다. 이미 방송을 두려워하고 있었던 것이다. 두 번째 촬영이 있는 날, 큐 사인이 떨어지고 카메라가 다가오자, 머릿속이 백지처럼 하얘졌다. 어쩌면 좋단 말인가. 시간이 지날수록 굳은 표정은 회복될 기미를 보이지 않았다. 왜 이러는 거야, 도대체, 어떡해, 어떡하면 좋아. 나 자신조차 믿을 수 없는 지경이었다. 촬영진의 표정은 걷잡을 수 없이 변해갔다.

"죄송합니다. 다시 할게요. 죄송합니다, 죄송합니다."

수없이 고개를 숙이고 숙였으나 그뿐이었다. 삼십 분이 넘도록 두 문장 이상 진행하지 못했다. 외우고 외웠건만, 카메라가 돌아가면 영락없이 겁에 질렸고, 두려움을 떨쳐 낼 수 없었다.

"얘, 너 왜 이러니, 대본 안 외웠어?"

더 이상 견디지 못했다. 마침내 울음을 터뜨리고 말았다. 눈물이 하염없이 흘러내렸다. 집에서 카메라의 동영상 기능을 켜 놓고, 틀림없이 외우고 또 외웠는데 어처구니없는 일이었다. 지금 생각해 보면 말도 안 되는 바보짓이었다. 대본이 있다 하더라도 나의 언어, 나의 말투로 적절하게 수정해야 하는 줄 몰랐다.

급기야 한국일보 관계자가 현장에 나타났다. 그는 이 사태를 수습하기에 급급했다. 오늘 쉬고 내일 다시 촬영하면 잘될 거라는 것이다. 그러나 이미 마음의 문이 닫힌 나는 아무 소리도 들리지 않았다. 촬영진이 지켜보는 가운데 실수는 계속되었다. 부끄럽고 창피한 일이었다.

더 이상 촬영 일이 두려웠다. 싫었다. 행복하지 않았다. 너무 버거운 자리에 올랐고, 갑작스레 신데렐라가 된 탓이었다. 다시 잡을 수 없는 좋은 기회였으나 준비되지 않은 나에게 '맞지 않는 명품 드레스'와 다름없었다.

"아빠, 나 행복하지 않아요. 못하겠어요, 도망친다고 비난해도 할 수 없어요."

촬영진이나 한국일보 관계자의 고충을 헤아리기에는 여력이 없었다. 절벽 끝에 선 기분이었다. 그저 행복하지 않다면 물러서야 한다는 주장만 내세웠다. 누가 뭐라 해도 기회는 다시 올 거라고 항변했다. 반면 별의별 말로 상황을 회복하려고 노력했지만 소용없었다.

'도망가면 안 돼, 후회하게 될지도 몰라.'
'맡은 일에 최선을 다해야 하는 거, 아닌가.'

그날 이후, 속수무책이었다. 촬영진을 대할 자신도 없었고, 감독이나 작가를 대할 자신은 더더욱 없었다. 난 겁쟁이었다. 결국 그 일을 내려놓고 말았다. 책임감 없는 태도였으나 나로서는 최선이었다. 무책임한 행동이라고 비난해도 어쩔 수 없었다.

좋은 기회가 왔으나 성취하지 못했다는 자책에 한동안 위축되어 있었다. 방송용 카메라 공포증은 지금도 불쑥 고개를 내민다. 셔터 소리는 여전히 나를 행복하게 하고 기분 좋게 하지만 방송용 카메라 앞에 서면 그때의 심정이 소름처럼 돋다가 사그라지곤 한다.

은혜는 기억하되 실패는 과감하게 떨쳐 버리라. 나는 매일 새롭게 전진할 것이다. 나는 과거 중심적인 삶이 아닌 미래 지향적인 삶을 살 것이다. "희망을 선택하라." "가장 좋은 것이 아직 남았습니다."_Browning

싸이 미니홈피 카테고리 중 하나인 sharon's Diary에 올린 사진이 인터넷에 유포되면서부터였다.

내 안에 있는
또 다른 나

"샤론아, 넌 셀카를 참 잘 찍더라."

미코 당선 이후 나의 셀카 사진은 화제만발이었다. 주변 사람들은 물론 네티즌들 사이에서도 주목을 받았다. 싸이 미니홈피 카테고리 중 하나인 sharon's Diary에 올린 사진이 인터넷에 유포되면서부터였다. 내 사진에 대해 '천진난만한 순수함이 매력적'이라는 반응과 함께 화장기 없는 '생얼'에 어린아이같이 풍부한 표정 때문에 자연미가 돋보인다고 했다. 또한 셀카와 함께 올린 한 줄 메모는 호감을 불러일으켰다. 짧은 글에서 자유를 자극하는 사색적인 멘트라는 것이다. 이와 같은 한 줄 메모는 책을 읽다가, 친구의 블로그를 엿보다가 간직한 글이기도 하고, 그저 나의 속내를 드러내는 솔직한 표현들이기도 하다.

아오, 그냥 웃어버리자.
내 인생은 Beautiful, 가끔 쓰러져도 Wonderful.
왜 아름다움 끝에는 항상 슬픔이 묻어나오는 걸까.
하루만큼 날 벅차오르게 하는 것…
그것만 있다면 인생은 정말 살아 볼 만할 텐데.

그러나 폭풍처럼 몰아치던 관심도, 셀카나 메모에 대한 칭찬도 서서히 식어갔다. 업데이트할 때마다 몇 천 명씩 기록을 갱신하던 조회 수도 급격히 줄어들었다. 원인이 무엇일까 분석하다가, 사람들이 좋다는 표정을 마구 날린 것은 아닌지 반문했다. 몇 컷이면 족할 매력을 반복적으로 포장했는지도 모르겠다.

까만 것을 하얗게 포장한 것은 아니지만,
밝고 건강한 모습을 보이고 싶은 나머지 인위적인 표정을 너무 많이 보인 것이다.
내가 한없이 초라하게 느껴졌다.
셀카 속의 나를 바라보는 일이 씁쓸해졌다.
한번은 함께 있던 친구가 디카를 들이대다가 버럭 소리를 질렀다.

"아, 이젠 그만! 셀카 표정은 그만!"

일명 '셀카 표정'에서 벗어나지 못하는 내가 답답했던 모양이었다.
친구는 평소 모습이 더 예쁘다고 격려하고 다독여 주었다.
내 모습 그대로 자연스럽게 드러내라고 했다.
그러나 친구의 말처럼 나를 변화시키는 일은 쉽지 않았다.
이러지도 저러지도 못했다.

그 무렵, 몇 차례 오디션이 있었다. 대개 상품광고 모델이었는데, 번번이 불합격이었다. 내 이미지와 부합되지 않았는지 어쩐지, 그 이유를 알 수 없었다. 역시 표정 연출이 부족한 게 아닐까 짐작할 뿐이다.

오디션을 준비하는 동안 기대하던 순간을 떠올리는 것으로 만족해야 했다. 메이크업을 하며 내내 행복했으니까, 그것으로 충분하다고. 한껏 치장한 나를 사진에 담고 즐기는 것으로 위안을 삼기도 했다.

매번 오디션에서 탈락하자 갈팡질팡할 수밖에 없었다. 무엇을 준비하고 어떻게 도전해야 할지 암담할 뿐이었다. 소속사가 있거나 매니저가 있다면 이런 고민을 할 필요가 없었을 텐데. 전문적인 정보가 있을 리 만무한 나는 거친 풍랑 속에 내던져진 느낌이었다. 앞이 보이지 않았다. 미스코리아가 되는 과정은 기적이었으나 그 이후의 과정은 내가 이루어야 하는 미션이었다.

시간이 지나면서 프로필 사진의 필요성이 실감하고 있을 때, 한 소속사 대표가 프로필 촬영을 제안했다. 미처 소속사를 정하지 못한 내 형편을 존중하는 조건이었다. 감사한 일이었다. 프로필 촬영은 내가 상상하고 예상했던 것과는 전혀 달랐다.

어두침침한 창고로 연출된 스튜디오는 빈티지한 이미지였다. 영화 세트장 같다고 할까. 오래된 라디오, 낡은 양장본의 책, 칠이 벗겨진 샹들리에, 다소 우울하고 몽환적인 느낌을 풍겨 내고 있었다. 인공조명으로 빛이 들어오는 창틀마저 비바람에 낡은 느낌이었다. 셀카와는 비교할 수 없는 세상과의 첫 만남이었다.

나는 내 속에 잠재된 무엇이든 한껏 발휘하고 싶었다.

카메라의 힘, 전문 사진작가에게 강한 인상을 남기고 싶었다. 조명에 따라 나를 감싸는 분위기는 시시각각 변화되었다. 조용한 실내에서 울리는 셔터 소리는 컸다. 짜릿한 희열, 카타르시스가 느껴졌다.
"고개를 좀더 들어보세요. 웃지 말고."
"이별을 생각하면 어떨까, 아, 저쪽에 시선 두고."
사진작가의 음성은 부드러웠으나 단호했다. 작가의 연출 의도를 알아차리지 못하자 곧바로 어시스트가 다가와서 자세를 교정할 수 있도록 배려해 주었다. 헤어, 메이크업 아티스트, 코디네이터, 그밖에 어시스트를 포함한 촬영진이 각자의 역할을 감탄스러울 정도로 발 빠르게 수행하고 있었다.
그들은 서로의 영역을 침범하지 않으면서 눈썰미로 알아차리는 듯 보였다. 조용한 가운데 빠르게 움직였다. 촬영이 끝날 때마다 촬영 콘셉트에 어울리도록 세팅을 순식간에 변화시키는 그들은 아티스트다웠다. 코디네이터의 역할은 머리끝부터 발끝까지 토털이미지를 만들어 내는 것인데, 헤아릴 수 없는 액세서리와 수십 벌의 의상, 구두 등을 늘어놓고 대기하곤 했다.
각기 다른 콘셉트의 연출에 따라 열 벌 가까이 의상을 갈아입었다. 메이크업은 유별나지 않았으며 자연스럽고 깔끔한 편이었다. 동양적인 나의 마스크를 최대한 살리는 데 주력했다고 한다.

part 2. 나의 길찾기, 세상을 경험하다

물론 섹시 콘셉트로 머리를 풀어헤치기도 하고,
앞머리를 뱅으로 붙여 하나로 묶은 복고풍의 헤어이미지를 연출하기도 했다.
팔색조처럼 변해가는 나를 지켜 보는 일은 설레고 즐거운 일이었다.
촬영진이 세팅하는 사이, 사진작가는 나에게 모니터링을 하게 해 주었다.
촬영은 하루 종일 계속되었는데,
어림잡아 삼백 컷은 족히 넘을 듯한 분량이었다.
모니터 속에서 나는 멋지고 개성 있는 주인공으로 재탄생되어 있었다.
나에 대한 재해석과 재발견이었다.
앵글과 조명에 따라 컷의 이미지는 천차만별이었다.
카메라 앞에 선다는 것이 이처럼 즐거울 줄이야.
그날 나는 내 안의 또 다른 나를 발견했다.

part 2. 나의 길찾기, 세상을 경험하다

노란
폭스바겐 앞에
파랑 스타킹을
신고

월간지 〈에꼴〉 화보 촬영은 오전 여덟 시부터 압구정 도로변에서 이루어졌다. 촬영이 있을 때마다 큰 키와 큰 발 때문에 옷 사이즈와 신발 사이즈가 가장 신경이 쓰였다. 내 발 사이즈는 265인데, 코디네이터들이 업체를 통해 협찬받기는 힘든 사이즈였다.

촬영스케줄이 잡힐 때마다 우리 집 현관은 신발들로 난장판이 되었다. 샌들 몇 켤레를 제외하고는 쇼핑몰에서 구매한 중저가 신발들이어서 촬영 소품이 될 만한 것들은 거의 드물었다. 게다가 대부분이 단화였다.

하지만 가지고 있는 신발이 도움이 될까 하는 생각에 나는 산타클로스의 선물꾸러미처럼 커다란 자루에 신발들을 담고 들고 다녔다. 코디네이터에게 모든 신발을 보여 줘야 그나마 덜 미안했다. 그리고 번번이 '발이 커서 미안해요.'를 외쳤다.

part 2. 나의 길찾기, 세상을 경험하다

이른 아침, 스튜디오에 도착하자마자 메이크업을 하고 앞머리에 뱅을 붙이고. 야릇하고 독특한 바비 인형처럼 위아래로 길게 속눈썹을 붙였다. 다소 과장한 연출인 듯했다. 의상 역시 다채로웠다. 특히 현란한 스타킹 컬러가 인상적이었다. 진핑크, 연핑크, 파랑, 초록, 노랑…. 세상에, 이런 컬러의 스타킹이 있었다니. 십대 독자를 의식한 탓인지, 의상들의 컬러가 원색적이었다. 상큼 발랄하다고 해야 할까. 이미지 배경은 압구정역 주변 길거리였다. 노란 폭스바겐에 기대어 포즈를 취하고 길거리를 활보하는 동안 셔터 소리는 계속 울렸다. 도로 한복판에서 연출한다는 것이 당황스러웠다. 복고적인 뱅머리, 진한 눈화장, 게다가 구 센티미터 힐까지 신은 내 모습은 나 같지가 않았다. 촬영진들은 이러한 촬영 분위기에 익숙한 모양이었다. 차츰 분위기에 동화되면서 포즈에 자신감이 생겼다. 무엇보다 내가 좋아하는 카메라 작업이니까 재미있고 즐거웠다. 긴장을 늦춘 내가 아랫배를 내밀자 사진작가가 슬쩍 귀띔도 해 주었다. 출근시간이 지나서 그런지 행인들은 그다지 많지 않았다. 미처 열지 않은 점포들도 눈에 띄었다. 그러나 열 시, 열한 시가 지나자 구경꾼이 하나, 둘 늘어남에 따라 그들의 눈길을 의식하지 않을 수 없었다.

part 2. 나의 길찾기, 세상을 경험하다

담당자는 이번 패션화보 촬영은 잡지 마감 직전의 스케줄이라 착오가 있으면 곤란하다고 당부했다. 어떤 실수가 있어서도 안 된다는 뜻이었다. 주위를 심하게 의식하는 나에게는 큰 집중력이 필요한 작업이었다. 마지막 컷이 가장 인상적이라고 생각했는데, 그 컷이 에꼴 11월호 부록 표지를 장식했다. 양갈래 머리, 발레리나 복 같은 원피스에 과장되게 엉덩이를 쭉 뺀 귀엽고 깜찍한 포즈였다. 키 큰 내게 이런 포즈가 어울릴까 의아했는데, 뜻밖에 성과였다. 특히 여러 개의 빨간 풍선 다발을 손에 쥐고, 하얀 건물 앞에서 연출한 포즈는 꽤 오랜 시간이 소요된 작업이었다. 행인의 통행을 조율하며 풍선이 바람에 흔들리고 있어, 마땅한 컷을 잡아내기가 쉽지 않았을 것이다. 촬영진 모두가 한 컷을 위해 이처럼 많은 노력을 한다는 게 놀라울 따름이었다. 나중에 잡지에서 보게 된 그 장면은 그야말로 멋있었다. 여덟 페이지를 차지한 그날의 촬영 컷들은 색다른 나를 발견하는 기회였다. 또한 인쇄물을 통해 전국에 내 모습이 배포된다는 사실이 쑥스러우면서도 설레기도 했다. '박샤론'이 얻은 또 다른 성취감이었다.

박샤론
피부 관리비법
공개!

이홍렬, 홍은희 씨가 진행하는 〈여유만만〉에 출연하게 되었다. 다양한 코너가 이어지면서 개인기를 선보이는 시간이 되었다. 윤서의 열정적인 섹시 댄스로 한껏 분위기가 떴으나, 나는 한발 물러서서 박수치는 게 고작이었다. 춤에 서툰 내게 그 자리는 어색하기만 했다. 그렇다고 유행가를 잘 부르는 것도 아니었다. 춤이나 노래나 내세울 것이 없던 나는 개인기를 보여 달라고 하면 지레 주눅이 들곤 했다.

한편 '박샤론, 피부 관리비법 공개' 코너가 설정되었다. 그 코너는 미리 녹화하게 되었는데, 촬영은 우리 집에서 이루어졌다. '피부미인'이라는 네티즌들의 댓글 덕분이다. 장소 헌팅 차 미리 내 방을 살피던 스태프들은 놀라는 눈치였다. 여자 방에 화장대도 없다는 둥, 너무 심한 거 아니냐는 둥 하며 농담을 주고받았다. 결국 촬영은 거실 한가운데에서 하기로 했다.

구성작가에게 별도로 피부 관리를 한 적이 없다고 하자, 다소 난감해하던 작가가 참고할 만한 자료를 프린트해서 건넸다. 오이 꿀 팩! 작위적이었으나 하는 수 없었다. 방송이란 그런 것이라고 했다. 오이 꿀 팩 마사지하는 과정을 녹화하기 위해, 며칠 전부터 미리 연습을 했다.

강판으로 오이를 갈고 밀가루와 꿀을 적당히 섞어 세안 후 얼굴에 바르는 것인데, 실제 피부가 보드랍고 뽀얘지는 기분이었다. 미백 효과 만점이었다. 직접 예행연습을 하다 보니 촬영을 위한 소소한 소품들이 필요하다는 것을 알게 되었다. 강판, 붓, 세숫대야, 쟁반 등.

미코대회 때처럼 교회 고모들의 활약이 시작되었다. 앤틱 풍 나무장식의 쟁반, 믹싱용 투명한 볼을 준비하고, 혹시나 하는 마음에 내 방 침대보를 꽃무늬로 바꾸어 주었다. 모처럼 집안 대청소도 이루어졌다. 우여곡절 끝에 '박샤론, 생얼 최초 공개' 녹화 촬영이 시작되었다.

오이를 갈아 꿀과 밀가루를 섞은 다음, 붓으로 세안한 얼굴에 바르는 장면이었다. 순식간에 우리 집은 '행복한 촬영장, 즐거운 잔칫집'으로 변신했다.
머리는 하나로 질끈 묶은 생얼의 박샤론, 분주한 카메라 감독, 뒤편에는 교회 고모 한 분이 부지런히 디카로 현장을 찍고, 또 다른 고모는 과일을 깎았다. 틈만 나면 수다로 소란스러웠으며, 웃음소리는 끊이지 않았다.
고모들 덕분에 편안하게 촬영할 수 있었다. 이처럼 내 편이 많다는 것은 기쁘고 행복한 일이며 살아가는 데 큰 힘이 되는 것 같다. 그날은 순전히 고모들 덕분에 카메라 앞에서 긴장감 없이 촬영을 잘 마칠 수 있었다.

스와로브스키
쇼, 쇼, 쇼

스와로브스키 쇼에 두 차례 참가할 기회가 있었다. 권형민 선생님의 추천이었다. 첫 번째는 특별 관객으로서 식사 자리에, 두 번째는 스와로브스키로 디자인된 웨딩드레스 모델로 설 수 있었다. 그날 나는 유명 연예인과 나란히 포토존에서 스포트라이트를 받았다. '미스코리아 박샤론'으로서 여기저기 기사화되기도 했다.

목선이 드러나는 우아한 드레스에 어울리는 화려한 목걸이를 선물로 받았다. 미스월드 대회 출전 당시에 코디했더라면 좋았을 걸 하는 아쉬움이 느껴질 만큼 화려하고 아름다운 목걸이였다.

정오쯤 그곳에 도착했다. 메이크업을 하기 위해서였다. 한강이 내려다보이는 대기실은 유리창을 통해 햇살이 드리워져 있었다. 하지만 햇빛이 시간에 따라 이동하면서 메이크업아티스트는 곤혹을 치러야 했다. 모델들의 메이크업이 오른쪽과 왼쪽이 달라지는 경우가 있을 정도였다.

나는 그곳에서 메이크업 아티스트를 만났는데, 미코 대회 합숙 당시 가깝게 지낸 제주 진 성혜숙 언니의 담당 원장님이셨다. 공통의 화젯거리가 풍부했기에 메이크업 하는 동안 추억담을 늘어놓으면서 원장님과 가까워질 수 있었다.

그리스도인인 원장님은 미코 대회 당시의 내 모습을 기억하고 칭찬을 아끼지 않았다. 나중에 얼마 지나지 않아 원장님 추천으로 금란교회 요한 웨슬리 회심기념 찬양대회 진행자로 무대에 서는 영광을 얻기도 했다.

패션쇼에서 연출할 의상은 모두 네 벌이었다. 블루마린 룩 두 벌과 드레스 두 벌이었다. 블루마린 룩은 머리를 올리고, 그다음 무대에서는 머리를 늘어 뜨려야 했다. 의상을 갈아입기에도 빠듯한 시간이었다.

첫 번째 무대 워킹에서 돌아 나오면서 윗단추부터 풀고 머리의 실 핀들을 표시나지 않게 뽑기 시작했다. 관객들은 아무렇지 않은 듯 머리를 매만지거나 단추를 매만지는 설정으로 보았을 것이다. 나는 순식간에 두 번째 옷을 갈아입고 무대에 다시 설 수 있었다. 자칫 실수하면 그대로 속살이 드러날 수밖에 없는 아찔한 순간이었다.

관객과 모델이 분리되지 않은 스탠딩 쇼였으므로 긴장하거나 어색하지 않았던 무대였다. 모델 런웨이 시간 외에는 관객들과 눈높이를 마주할 수 있기 때문에 좀더 관객들과 친숙한 느낌으로 워킹할 수 있어서 좋았다. 나는 박찬민 아나운서의 두 딸과 함께 마지막 피날레의 주인공이 되었다. 영광스런 자리에 서게 된 나는 커다란 스와로브스키 십자가가 달린 목걸이를 착용했다. 십자가 목걸이는 나를 더욱 돋보이게 만들어 주었다.

part 2. 나의 길찾기, 세상을 경험하다

part 2. 나의 길찾기, 세상을 경험하다

커다란 스와로브스키 십자가가 달린 목걸이를
착용했다. 십자가 목걸이는 나를 더욱 돋보이게
만들어 주었다.

가슴선이 깊게 패여 어깨선이 그대로 드러난
백설공주풍 하얀 드레스가 조명을 받자 눈부시게 빛났다.
그날의 하이라이트는 베일이었다.
발끝까지 길게 늘어뜨린 베일에는 수없이 많은 크리스털이 알알이 박혀 있었다.
신비하고 얇은 베일 하나가
이처럼 색다른 분위기를 만들어 낼 줄 몰랐다.
나는 자연스럽고 편안한 미소로 멋진 피날레를 장식했다.

도전, 철인 3종 경기

미스코리아 단체인 녹원회 신입회원이 된 지 일 년이 지났다. 해외 행사가 잦은 터라, 정기모임에 참석하지 못하고 있었다. 그 무렵, 녹원회 신임 회장에 최영옥 선배님이 선출되었다는 소식이 들렸다.

며칠 지나지 않아 최 회장님이 손수 전화를 걸어오셨다. 앞으로 봉사활동에 초점을 맞추어 녹원회를 운영하겠다고 하시며 갤러리아 S/S패션쇼 모델이 되어 줄 것을 요청했다. 나는 기쁜 마음으로 승낙했다.

패션쇼는 일주일 간격으로 두 차례 있을 예정이었다. 첫 번째 패션쇼는 서울 하얏트 호텔이었으나 두 번째 패션쇼는 대전이었다. 그런데 난감한 일은 대전 패션쇼가 하필 필리핀 봉사활동과 맞물려 있어 귀국하는 날 공항에서 바로 대전으로 가야 했다.

서울에 도착하자마자 사흘간 쉼 없는 봉사활동으로 쌓인 피곤에 필리핀과의 기온 차이로 체력이 급격히 떨어져 갑자기 감기 몸살 증상이 밀려오기 시작했다. 게다가 고속버스 배차시간은 아침 여섯 시로 십여 분가량 기다려야 했는데, 터미널이 너무 추워 온몸을 와들와들 떨었다. 참을 수 없어 캐리어를 끌고 저만치 떨어져 있는 공중전화 부스로 갔다. 새벽녘, 캐리어를 끄는 초췌한 내 모습이 처량했다.

Fashion Show

게다가 패션쇼는 아홉 시 반에 시작된다. 버스가 조금이라도 연착하여 제시간에 도착하지 못한다면 그것은 정말 낭패였다. 그리고 최소한 머리라도 감아야 했다. 필리핀에서 서둘러 출발하느라고 샤워를 하지 못했던 것이다. 마음을 졸이며 버스를 탄 나는 두 시간가량 뒤에 대전에 도착하였다. 터미널에 도착하자마자 미용실을 찾았다. 다행히 가까운 곳에 간판이 눈에 띠었다. 영업하기 이른 시간이라 셔터가 내려져 있었지만 나는 망설일 새 없이 조심스럽게 셔터를 두드리기 시작했다. 인기척이 들리자 다급하게 소리쳤다.

"저 죄송한데요. 급해서 그래요, 머리 좀 감을 수 있을까요?"

잠시 후 셔터가 올라가고 주인이 얼굴을 내밀었다. 사정 얘기를 들은 주인은 지체하지 않고 머리를 감겨주었다. 축축한 머릿결을 드라이기로 대충 말리고 곧바로 패션쇼 현장으로 출발했다. 혹시나 늦지 않을까, 염려하던 회장님과 선배들은 제시간에 나타난 나를 무척 반겨 주었다. 도착하자마자 나는 바로 쇼 준비 들어갔다. 메이크업을 시작하고 머리스타일을 만들고 쇼 진행에 따른 주의사항을 전달받기도 했다.

연출할 의상은 여덟 벌이었는데, 두 벌이 몸에 맞지 않았다. 깜찍하고 앙증맞은 디자인이어서 나보다 마른 체형의 모델이 잘 소화할 거라는 생각으로 바꿔 입기로 했다. 약간 작은 듯한 겉옷은 팔에 걸치고 워킹하기로 했다. 그럭저럭 무리가 없이 진행이 되어 천만다행이었다.

Fashion Show

하지만 의상이 맞지 않자 내 기분은 갑자기 의기소침해졌다.
내 자신이 마치 군함처럼 거대하다는 느낌을 지울 수가 없었다.
모델로서 너무 키가 크고 살이 찐 편은 아닌지,
그래서 돋보여야 할 의상이 볼품없어지는 것은 아닌지 걱정스러웠다.
기성 모델들은 매우 작은 의상 사이즈를 소화하고 있었다.
어떻게 저렇게 작은 옷이 맞을까, 놀라울 정도였다.

part 2. 나의 길찾기, 세상을 경험하다

나의 무대매너는 비교적 괜찮았다는 평가를 받았다. 여덟 벌의 의상을 보기 좋게 표현했다는 것이다. 그나마 잔걱정에서 놓여날 수 있었다. 헬퍼의 도움이 있어서 수월했으며, 대기실 행거에 순서대로 걸린 의상이나, 무대 동선 등에 대해 스케치해 둔 것이 요긴하게 작용했다.

그 와중에 틈틈이 도시락을 챙긴다거나 종이컵에 물을 미리 따르는 일 등 잔심부름에 나섰다. 녹원회 막내, 신입회원답게 행동하고 싶었기 때문이다.

세 차례의 패션쇼가 끝나자 어둑어둑해졌다. 나는 또다시 달렸다. 저녁식사를 할 겨를도 없었다. 다음날 아침 학교 수업이 있었기 때문이다. 곧장 KTX를 탔다. 광명역에 도착한 시각은 꽤 늦은 밤이었다. 집안으로 들어서자 피곤이 몰려왔다. 녹초가 되고 말았다. 결국 학교 수업을 받지 못했다. 대전에서 올라온 다음날, 아무것도 할 수 없었다. 고열로 끙끙 앓아야 했다.

필리핀봉사, 서울/대전 패션쇼. 학교수업 그리고 캄보디아 봉사로 이어질 예정이었는데 비행기표 예매가 이루어지지 않아 캄보디아 봉사는 가지 못하였다. 만약 이 모든 것을 다 이루었다면 과연 나는 어떠했을까. '철인 3종 경기 참가자 못지않은 박샤론', '과로한 박샤론, 입원 중'이라고 대서특필되었을지도 모른다. 하하하.

굿럭, 굿바이, 미스코리아

Good Luck, Good Bye,

2007년 7월 27일, 새로운 미스코리아 탄생을 알리는 본선의 날, 나는 '하나님이 하셨어요. 하나님이 인도하신 거예요.'라고 고백했던 그 가슴 떨리던 세종문화회관 대강당에 다시 서게 되었다.

얼마 전, 후보 미스코리아들이 합숙하는 경기도 기흥에 다녀왔다. 그때 비로소 미스코리아 왕관을 물려줘야 한다는 것을 실감하게 되었다. 합숙하던 순간들이 어제 일처럼 생생했다. 매순간 끊임없이 스스로를 향해 격려하며 잘 될 거라는 믿음으로 버틴 꿈 같은 시간이었다.

그날 이후, 묵상에 빠져들 때가 잦았다. 달란트와 비전에 대해 기도하며, 감사와 기쁨으로 벅차오르기도 했다. 어설프고 낯선 기억, 느닷없는 상처에 대한 아픔, 준비되지 못한 아쉬움을 내려놓아야 했다. 그럼에도 불구하고 때마다 나와 함께 동행해 주신 주님!

2007 본선 날 입을 드레스를 선택하기 위해 압구정동 드레스 숍에 들렀다. 적어도 열 벌은 입어보고 고를 생각이었다. 긴장하거나 서두르는 경향이 있는데 차분하고 신중해졌다. 나는 새로운 디자인의 드레스로 갈아입는 순간마다 지난 경험들이 내 모습을 여기까지 이끌어 왔음을 확인할 수 있었다.

part 2. 나의 길찾기, 세상을 경험하다

복숭아빛, 페일핑크, 베이지 컬러 드레스를 입어 보았으나 역시 내게는 화이트 컬러의 심플한 드레스가 어울리는 것 같았다. 어깨 라인을 드러내고 뒷자락을 길게 늘어뜨린 우아하고 단아한 콘셉트였다. 피팅 때는 허리를 굽혀 보기도 하고 의자에 앉아 몸에 잘 맞는지 확인하는 일도 잊지 않았다. 꿈이 현실이 되고, 도무지 내게 일어나지 않을 것만 같았던 상황과 맞대면하는 당혹스러움이란 이루 말할 수 없었다. 그저 담대하고 당당하려고 안간힘을 썼다. 자고 일어나면 프로가 되기를 소망한 적도 있었다. 차츰 스스로 해결하게 되고, 성취감, 분별력과 순발력이 늘어어가고 있었다. 나는 좀더 여유로운 관찰자가 되고 있었다.

드디어 본선 날, 세종문화회관 대강당은 새로운 주인공을 맞이할 기대로 들떠 있었다. 무대 뒤편 대기실은 사람들로 북적였는데 지난 해 미코 동기 일곱 명을 포함하여 메이크업 아티스트들과 코디네이터, 매니저 등 행사 관계자들이 자리를 채우고 있었다.

후배에게 씌워 줄 왕관은 무척 아름다웠다. 지난해는 월계수 잎을 형상화했다는 점이 화제였는데, 이번 모티브는 장미였다. 흔히 왕관이 대물림된다고 믿는다. 나도 그랬으니까. 그러나 그렇지 않고 매해 미스코리아를 위해 새롭게 디자인되며, 후배에게 씌워주도록 연출되는 것뿐이다.

대회 시작을 앞둔 몇 분 전까지,
나와 동기들은 무대 동선을 확인하느라 분주했다.
지난 체험들이 추억이 되어 '미코들의 수다'로 이어지다가,
미리 왕관을 쓰고 기념촬영을 하기도 했다.

part 2. 나의 길찾기, 세상을 경험하다

하늬 언니는 그날도 넘버원이었다. 세계대회 다녀온 직후여서 언론의 주목을 한 몸에 받고 있었다. 취재진에 둘러싸인 언니는 모든 미코 멤버들의 부러움의 대상이 되었다. 대회가 시작되자, 소형 텔레비전 앞에 옹기종기 모여들었다. 미코 후보들이 자기소개를 하는 10초 동안은 너무 긴장해서 실수를 할 수도 있는 순간이었다. 같은 지역 후보가 등장하면 '파이팅!'을 외치는 목소리가 들리기도 했다.

그때였다. 웅장한 사운드와 함께 '전년도 미스코리아 행진'이라는 멘트가 울려 퍼졌다. 우리들이 무대에 오를 차례였다. 윤서와 나는 맞춘 듯이 화이트 컬러 드레스를 입었는데 하늬 언니는 연갈색의 화려한 드레스를 입었다. 박수소리가 대강당을 가득 메우고 있었다.

숨 막히는 최종 호명이 시작되었다. 제주 선 조은주! 바로 미스코리아 선이었다. 까만 눈망울이 촉촉히 젖어 있었고 입술은 가늘게 떨리고 있었다. 왕관을 씌워주고, 가볍게 안고 있는 동안, 그 감동을 고스란히 느낄 수 있었다. 지난해, 내 모습이 바로 이랬으리라.

왕관을 내려놓자, 순식간에 정전이 된 것만 같았다. 더 이상 플래시는 나를 향해 터지지 않았다. 새롭게 탄생한 미스코리아들을 향한 셔터소리만이 요란했다.

'그래. 괜찮아, 괜찮아. 하나님이 덤으로 주신 것, 이제 모두 맡기고 내려놓는 거야. 하나님이 주신 복 앞에 좀더 겸손해지는 일이 남아 있을 뿐, 거대한 무대의 소용돌이에서 승리한 나, 박사론에게 박수를 쳐 주자. 하나님의 인도하심, 그 도우심에 무지무지 감사하자. 나를 향한 지극한 주의 사랑. 주님, 홀로 영광 받으소서.'

기적의 무대, 축복의 현장에서 울려 퍼지는 나의 고백이었다.

수많은 청중들의 환호성을 뒤로하고 나오며

나지막한 소리로 스스로를 격려했고 칭찬했다. 정말 수고했어. 잘했어. 샤론!

Good Bye, Miss Korea

part 2. 나의 길찾기, 세상을 경험하다

하나님 앞에 바로서기

화려한 파티가 끝나고, 다시 재투성이 신데렐라로 돌아간 느낌이었다. 가슴에 바람이 부는 듯, 시리고 쓸쓸했다. 대중들은 서서히 아니, 급격히 나를 잊고 있었다. 예전처럼 길거리에서 환호성을 지르는 사람도 없었다.
"내가 연예인은 아니잖아. 원래 내 모습을 찾은 것 같아서 편해서 좋아!"
이렇게 말하면서도 마음 한구석 섭섭함을 지울 수 없었다. 길거리에 혼자 버려진 듯 외로웠다. '평범한 나'를 소중히 여겼던 지난 시간이 무색할 지경이었다.
'그래, 그래. 역시, 넌 평범해. 쌍꺼풀이 없어서 그럴지도 몰라.'
'아무래도 키가 너무 커. 몸매 관리에 소홀했나봐.'
파도처럼 밀려오는 열등감, 자격지심으로 어찌할 바를 몰랐다. 마른 모델 트렌드를 비판하기도 하고 무시하려고도 했지만 소용없었다. 활동을 못하는 것이 아니라 안하는 것이라고 우기는 것도 한계가 있었다. 낮은 자존감으로 어찌할 바를 몰랐다. 그날은 마침 부활절을 앞둔 고난 주일이었다. 정장을 단정하게 챙겨 입고 거울을 보다가, 컴퓨터에 집중하고 있던 오빠에게 물었다.
"오빠, 나 어때. 예뻐? 괜찮아?"
힐끗 쳐다보며 무심하게 던진 오빠의 한마디. "넌 왜 점점 안 예뻐지냐. 관리 좀 해." 나는 그만 무너지고 말았다. 그렇지 않아도 힘든 나날을 보내던 터였는데 아무것도 눈치 채지 못한 오빠는 농담인지 진담인지 모르는 말로 내 마음을 헝클어 놓았다. 나는 그 자리에 풀썩 주저앉아 소리 내어 울기 시작했다. 느닷없는 울음소리에 오빠는 벌떡 일어나 다가왔다.

그동안 삭히고 있던 열등감이
눈물이 되어 봇물처럼 쏟아져 버렸다.
오빠는 돌발 상황에 쩔쩔맸다.
장난이라며, 우스갯소리라며 어르고 달랬지만
내 눈물은 쉽게 그치지 않았다.
마스카라가 시커멓게 번지도록 실컷 울고 나서야 고개를 들었다.
주일 아침, 내가 한 행동은 우스꽝스럽기 짝이 없었다.
혼자 조용히 묵상했다.
나를 치유하고 회복시키실 하나님께 의지했다.
심술쟁이처럼 투정하며 고백하며 하나님에게 되물었다.

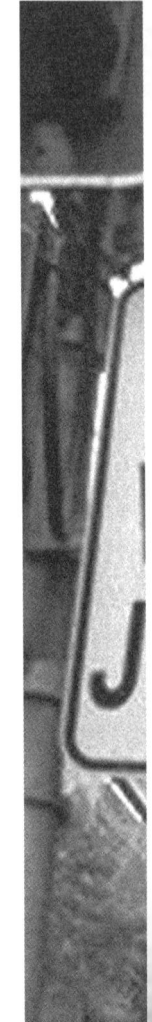

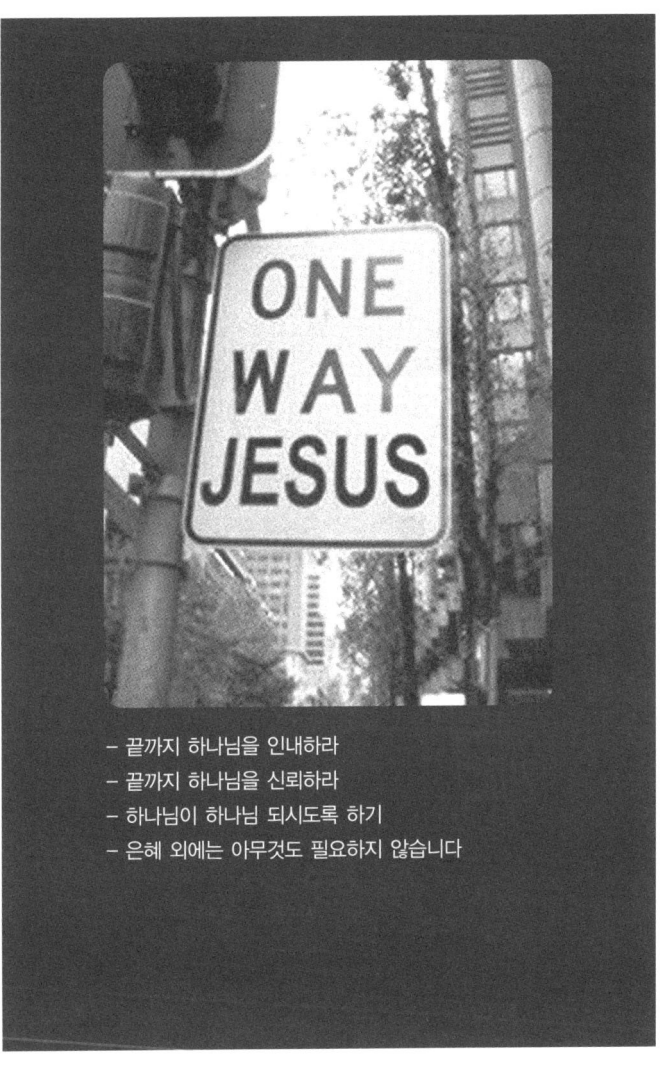

- 끝까지 하나님을 인내하라
- 끝까지 하나님을 신뢰하라
- 하나님이 하나님 되시도록 하기
- 은혜 외에는 아무것도 필요하지 않습니다

또 여호와를 기뻐하라
저가 네 마음의 소원을
이루어 주시리로다 (시 37:4)

part 2. 나의 길찾기, 세상을 경험하다

하나님, 저 확인받고 싶어요.

존귀한 박샤론인데, 하나님의 사람 박샤론이 분명한데,
자꾸 사람들에게 인정받고 싶어요. 왜 그렇죠?
어리석은 내 모습, 이런 내 모습이 두렵습니다.
외모가 아니라 바른 신앙으로 매일의 삶 속에서
존귀하게 평가받는 박샤론이 되고 싶습니다.
주님의 일에 존귀하게 쓰임 받고 싶습니다.
하나님의 향기를 드러내는 위로자로 성장할 수 있도록 해 주세요.
사용해 주세요. 그러면 정말 좋겠습니다.
저 잘할 수 있어요. 하나님.
가슴의 불을 따르고 내가 기대하는 세상의 것을 따르지 않고,
하나님 당신의 비전을 주시고,
부디 그 비전이 저의 가슴에서 타오를 수 있게 해 주세요.

그날 오후 나는 하나님의 사람 요셉의 삶을 묵상했다.

요셉은 바로의 궁전에 최고 관리였던 한 죄수의 꿈을 해몽해 주고,

그 대가로 감옥에서 석방될 것을 기대했다.

그러나 2년이 지나도록 아무 일도 일어나지 않았다.

성경에는 '술 맡은 관원장이 요셉을 기억치 않고 잊었더라.' 고 기록되어 있다.

요셉의 절망이 얼마나 깊었을까. 얼마나 힘든 시간이었을까.

그러나 그때 그가 요셉을 기억했다면,

요셉은 애굽의 총리가 되지 못했을 것이다.

2년이 지난 후 바로의 꿈을 해석해 줄 사람이 필요하자

술 맡은 관원장은 비로소 요셉을 기억해 냈다.

하나님의 절묘한 타이밍이다.

노예였던 요셉을 애굽의 총리로 존귀하게 세우신 그 타이밍을

나 역시 내 인생에서 재현되길 기도한다.

수많은 고통들을 묵묵히 견뎌 내며 하나님의 약속을 신뢰하며

기다렸던 요셉의 그 순종과 인내를 나 역시도 기도한다.

> 인생에서
> 우리의 과업은
> 나 자신을
> 앞서는 일
>
> Be joyful always
> pray continually
> give thanks in
> all circumstances

'항상 기뻐하라 쉬지 말고 기도하라 범사에 감사하라.' 데살로니가전서 5장 말씀을 묵상하노라면 행복해지곤 한다. 항상 기뻐하고 범사에 감사하는 일은 잘할 수 있을 것만 같다. 습관화되었다고 할까. 하지만 쉬지 말고 기도하는 일은 역시 어려운 일이다. 아무튼 최대한 쉬지 않고 기도하기 위해서 나는 차 안에서, 또는 화창한 하늘을 올려다보며, 틈틈이 순간마다 기도하는 습관을 들이기로 했다. 눈을 감기도 하고, 눈을 뜬 채, 언제 어디서나….

불현듯 아빠가 주신 신데렐라에 관한 책이 떠올랐다. 신데렐라는 고난을 디딤돌로 삼은 주인공이었다. 그녀는 독립할 수 있는 기회를 기다리며, 누더기 옷을 거부하지 않으며, 집안일에 소홀하지 않았다. 자신이 처한 상황을 성실하게 긍정적으로 대처해 나갔다. 이것은 신데렐라 스스로가 자신의 가치를 인정했기에 가능한 일이었다.

미코에 도전하는 순간, 하나님의 도우심을 누렸더라도 열등감과 낮은 자존감에 헤매고 있었더라면 좋은 결과는 얻을 수 없었을 것이다. 나의 내면이 누더기 같았다면 하나님의 도우심을 깨달을 수 없었을 것이다.

묵상하고 기도하는 중에는 자존감이 회복되고 내면이 치유되어 어둠 속에서 희미한 빛을 향해 나아가고 있음이 느껴진다. 나는 다짐했다. 스스로 세상과의 벽을 만드는 어리석은 짓은 하지 말고, 다시는 잔뜩 웅크린 채 발목을 들여다보는 시간은 없을 것이라고….

얼마 전 랜디 포시 교수가 세상을 떠나 많은 이들이 안타까워했다. 시한부 인생을 선고받은 랜디 포시 교수의 마지막 강의를 담은 동영상이 전 세계에 퍼지면서 많은 사람들의 가슴이 뜨거워졌고 그의 책은 베스트셀러 1위에 올랐다.

그의 강의가 우리에게 남겼던 많은 메시지들 속에서 과연 나는 인생을 어떻게 살아야 할까, 책을 읽는 내내 생각해 보았다.

"Domine Non Sum Dignus"_"주님 저는 아무것도 아닙니다."_오스카 와일드

감사하는 마음을 보여 주세요.
감사할수록 삶은 위대해집니다.

준비하세요.
행운은 준비가 기회를 만날 때 온답니다.

가장 좋은 금은 쓰레기통의 밑바닥에 있습니다.
그러니 찾아내세요.

당신이 뭔가를 망쳤다면 사과하세요.
사과는 끝이 아니라 다시 할 수 있는 시작입니다.

완전히 악한 사람은 없어요.
모두에게서 좋은 면을 발견하세요.

가장 어려운 일은 듣는 일입니다. 사람들이 당신에게
전해 주는 말을 소중히 여기세요. 거기에 해답이 있답니다.

그리고 매일같이 내일을 두려워하며 살지 마세요.
오늘 바로 지금 이 순간을 즐기세요.

세월이 흐른다는 것은 나이를 먹는다는 것이고 나이가 든다는 것은
그만큼 인생을 알고 성숙해진다는 것이고 또 다른 편에서 보면
누구도 피할 수 없는 죽음이란 문턱에 서서히 다가가고 있다는 것이다.
"어쩌면 우리는 모두 시한부 인생을 살아가고 있다.
다만 그것을 깨닫지 못하고 살아가고 있을 뿐이다."
나는 그의 말에 공감한다.

part 2. 나의 길찾기, 세상을 경험하다

이제 그런 말들을 절대 공감할 만한 나이(?)가 되고 있는 것이다. 아직 많은 나이는 아니지만 내가 알지 못했던 세계를 통해서 다양하고 많은 일들을 경험할 수 있었다. 경험이란 원하는 것을 얻지 못할 때 생긴다고 했다. 장애물도 겪었다. 그러나 그 장애물을 통해 그 꿈이 얼마나 간절한지도 알게 되었다.

지금 이 순간 원하는 대로 모든 것이 순조롭게 이루어진다면 얼마나 좋을까 생각할 때도 있지만, 그것이 얼마나 소중한 것인지, 그것이 얼마나 감사한 일인지를 아는 일에는 도움이 되지 않을 것이다. '그 눈에 눈물이 없으면, 그 마음에 무지개가 뜨지 않는다. scars into stars, 상처는 별이 된다.' 우리 교회 슬로건이기도 하고 내가 아주 좋아하는 격언이기도 하다.

아직 내 삶은 진행 중이다. 하나님이 어떻게 인도하시고 도우실지 아무도 모른다. 요즘 기도하는 것은 꿈이 나를 찾아올 수 있도록 최선을 다하는 것이다. 시한부 인생을 선고받고도 꿈을 포기하지 않고 하루하루를 소중히 여기며 최선의 삶을 추구했던 랜디 포시처럼 그렇게 열심히 사는 것이다. 그리고 다른 사람의 꿈을 이룰 수 있도록 도우며 살아가는 것이다.

나는 앞으로 다른 사람들을 앞서기 위해 전전긍긍하는 삶이 아닌 나 자신을 앞서기 위한 삶을 살아갈 것이다. '가장 중요한 능력은 책임을 지는 능력'이라 했다. 내 자신의 기록을 깨고 어제를 능가하는 오늘을 살아갈 테다.

희망은 이미 있다.

보는 눈이 없으면
눈앞에 희망이 있어도 보지 못한다
희망은 볼 줄 아는 사람의 몫이다.

part 3

상처는 별이 된다 Scars into Stars

어린 시절을 떠올리며 학익동의 변화를
실감할 때마다 되새기는 문구가 있다.

'Scars into Stars.'

이것은 우리 교회 표어이자, 아빠가 좋아하는 구호이기도 하다.

감동(感動)받지 못하는 인생은 실패한다.

나는 기도한다.

내 인생 속에서 늘 감동하게 하옵소서.

유난히 한파가 몰아치던 해 1월 30일, 나는 오빠와는 네 살 터울로 태어났다. 당시 우리 집은 십만 원 안팎의 전도사 사례금으로 근근이 살아가는 형편이었다. 그 무렵, 부모님은 오랜 소망인 교회를 개척하기로 작정하셨다. 물론 가진 돈이 있을 리 없었다. 오직 기도로 간구하던 아빠는 가장 낮은 곳, 가난하고 소외된 곳을 찾아 나섰고, 첫 목회지로 삼은 곳이 인천시 남구 학익동이다. 당시는 판잣집이 빼곡한 빈민촌이었다고 한다. 지금 '은혜의교회' 건물 건너편이다.
아빠의 책 『평신도는 없다』에는 학익동이 이렇게 묘사되어 있다.

"정말 이런 곳이 있나 싶었다. 교도소 철조망 담장을 따라 마치 게딱지처럼 다닥다닥 붙어 있는 판잣집, 한 집 건너 장대 위에서 나부끼는 점집 깃발. 그러나 내 눈에는 마치 그 깃발들이 백기를 들고 예수 그리스도의 복음 앞에 항복하는 불쌍한 영혼들로 보였다."

목회자의 길로 들어선 아빠의 삶은 한 편의 드라마였다. 유년기부터 시작된 폐결핵은 청년기까지 계속되었으며, 마침내 시한부 삶을 선고받고 말았다. 이십 대 한창때의 일이었다. 아빠의 기도는 간절할 수밖에 없었다.

살아야겠다는 신념으로 간구하던 아빠에게
기적이 일어났다.
하나님의 역사, 치유, 신원의 은혜였다.
그 길로 하나님 나라를 위해 살기로 결심한
아빠의 열정은 교회를 개척하기에 이른 것이다.

part 3. 상처는 별이 된다

아빠의 동역자로서의 삶을 가장 우선순위에 두었던 엄마는 쉴 틈이 없었다. 심방하랴, 교회 섬기랴 틈틈이 가사일 돌보랴. 시부모님을 모셔야 했던 며느리 역할 또한 예외일 수 없었다. 그래서 때마다 거르지 않고 식사를 한다는 것은 거의 불가능했다고 한다.

제대로 먹지 못한 엄마는 산후에 젖이 잘 나오지 않아 애를 태웠지만 마음 편하게 분유를 먹일 처지가 아니어서 갓난 딸아이에 대한 속앓이가 이만저만이 아니었다고 한다. 어느 누구에게도 집안사정을 내색할 수는 없었던 때에 어떻게 알았는지 한 권사님이 슬그머니 봉지쌀을 넣어 주셔서 늦은 밤 허기진 배를 채우려 밥 한 공기 지어 '일용할 양식주심에 감사기도' 드리며 참 많이 우셨다고 한다.

그 당시는 참 많이 힘들었겠지만 그래도 난 그나마 못 먹어서 키가 더 크지는 않았을 거라고 믿으며 감사하고 있다.

나는 아빠의 첫 목회지인 천막교회에서 걸음마를 배웠다. 지하상가로 교회가 이사하면서 선교원을 운영하게 되자, 나도 유치원 교육을 받을 수 있게 되었다. 선교원의 교육환경은 몹시 열악했다. 변변한 교재, 교구도 없었다. 주일에는 예배처로, 평일에는 장의자를 한쪽으로 밀어 놓고 교육과 놀이가 이루어졌다.

아빠는 그 시절을 이렇게 회상하신다.

part 3.

> 마땅히 가정교육을 받을 기회가 없는 아이들은 거칠고 사나웠으나, 예배와 말씀, 기도가 선행되는 선교원 교육으로 인하여 하나님을 조금씩 배워가는 아이들을 보는 것은 행복하고 특별한 기회였다.

형편이 나은 집 아이들은 선교원이 아니라 인근 유치원에 다녔다. 나는 그 유치원의 노란 단체복을 입고 싶었다. 그 옷이 그렇게 부러울 수가 없었다. 그러나 내 속마음을 누구에게도 털어놓지 못했다. 그 유치원에 다닐 수 없다는 것, 그래서 노란 유치원복을 입을 수 없다는 것쯤은 잘 알고 있었다.

우리 집 형편에 '새 원피스'조차 가당치 않던 시절, 오빠와 나는 여기저기에서 헌옷을 물려 입는 형편이었다. 그렇다고 그 시절이 초라하고 불행하다고 생각하지는 않는다. 그해 봄, 나에게 기적처럼 새 옷이 생겨서 그런지도 모른다. 빨간 물방울무늬 원피스…. 그것은 간절히 간구했던 내 기도에 대한 하나님의 응답이었다. 나는 그것으로 충분했다. 그 빨간 원피스는 나의 자랑거리였으며, 너무 작아 입지 못할 때까지 나의 트레이드 마크가 되어 주었다. 내게 빨간 물방울무늬 원피스는 부족한 것을 채우는 하나님의 사랑이었으며, 내 믿음의 결과였다.

외면하고 싶지만 꺼내놓기

???

아빠의 말씀에 버릇없이 되물은 적이 있었다. 좀처럼 드문 일이었다. 갈라디아 6장 9절 '무엇을 심든지 그대로 거둘 것'이라는 아빠의 말씀에 반기를 들었다. 목사님이니까 그런 말씀을 하는 거라는 생각에 불만이 가득 쌓였다.
"아빠, 홍수가 나고 불 나면 소용없잖아. 심은 대로 못 거두면 어떻게 해?"
어린 딸의 질문이 재미있다는 듯 잠시 웃던 아빠의 표정은 다시 진지해지셨다.
"지금 맛있는 음식과 좋은 옷을 누리지 못할지라도 주님 위해 헌신하고 충성하면 반드시 존귀하고 복된 삶을 누린다는 뜻이야. 그래서 아빠는 기쁘고 행복하단다."
아빠는 나와 오빠를 꼭 안아 주며 다시 한 번 강조하셨다.
"너희는 목사의 아들, 딸일 뿐만 아니라 존귀한 하나님의 자녀란다."
더 이상 아무 소리도 못한 채 우리는 한동안 뒷전에서 투덜거렸다.
"오빠, 지금이 중요하지, 나중에 언제 복된 삶을 주신다는 걸까?"
"글쎄 말이야. 샤론아, 오빠는 아빠처럼 살지 않아. 절대 목사가 되지 않을 거야."
목회자의 가족들이 감당해야 할 희생의 무게가 너무 무겁고 무거워 오빠의 목소리는 단호했다. 그 순간 내 마음을 알아주는 오빠가 너무 좋았다. 그랬던 오빠가 지금은 아빠의 길을 따라 신학생이 되었다. '아빠처럼 살 수 있을까.'라는 부담을 느껴 피하려 했던 목회자의 길을 순종하며 가고 있다.

'왜 우리가 그렇게 희생해야 되죠?' 라고 반문했던 오빠와 내가 이제는 아빠의 마음을 이해하고 아빠 곁에서 힘이 되고픈 (동역자의 위치로까지는 아니더라도) 열망을 가지고 살아갈 수 있게 된 것 또한 부모님의 기도의 힘이라고 생각한다.

천막교회 근처에 교도소와 사창가가 있어서 그랬을까. 걸핏하면 싸움이 벌어지곤 했다. 그때마다 사람들은 우르르 교회로 달려와서 도움을 청하기 일쑤였고, 엄마는 망설임 없이 달려 나갔다. 마치 엄마는 여전사 같았다. 우리 집은 조용할 날이 없었다. 그런 엄마를 바라보는 할머니는 못마땅한 기색이 역력했다.

아빠가 목회자의 길을 가겠다고 하자 성경책을 불태울 정도로 반대했던 할머니가 날마다 심방한답시고 집을 비우는 일이 많았던 엄마에게 불만이 있었던 건 당연한 일이었다. 하나밖에 없는 외동아들이 느닷없이 목회자가 된 것도 받아들이기 힘들고 속상했던 터에 삶은 더없이 곤궁해지니 얼마나 마음이 힘드셨을까. 마음껏 속내를 표현할 수 없던 할머니는 순간순간 무섭게 화를 내곤 했다.

할아버지, 할머니를 비롯한 여섯 식구가 한 방에서 생활하는 우리 집은 쥐들이 들락거리고 비가 새는 가건물 단칸방이었다. 늦은 밤 피곤한 몸으로 돌아오는 부모님, 하루 종일 살림하고 오빠를 돌보기에도 만만치 않았던 할머니에게 나는 언제나 뒷전이었다. 투정 부리고 싶어도 받아주는 사람이 없었다.

철이 없어서 그랬을까. 내색하지는 못했지만 할머니가 싸주신 도시락은 친구들 앞에서 꺼내기가 싫었다. 밥이 떡이 되도록 눌려 있거나, 반찬과 밥이 섞여 뒤범벅이 되어 있기 일쑤였다. 나는 할머니의 도시락이 부끄러웠다. 어쩌다 한번 엄마가 도시락을 싸 주면 특별한 행복에 젖기도 했다. 보기 좋게 담은 밥, 쿠킹호일로 정리되어 있는 반찬, 무엇보다도 기분 좋은 엄마의 쪽지. '존귀한 사론 사랑해.' '우리 딸 힘내!' 그럴 때면 어느덧 할머니 도시락에 대한 불만이 어느 정도 사라지곤 했다. 우리 집은 유난히 아들이 귀한 터라 할머니는 여간해서는 오빠를 꾸중하지 않으셨다. 그러나 내게는 옷걸이를 드시고 혼내실 때가 많았다. 할머니의 회초리는 옷걸이였다. 말을 많이 하면 조용히 하라 하셨고 말이 없으면 버릇없다고 야단치셨다.

억울하고 속상했다. 그럴 때마다 엄마가 나타나기를 바랐지만 그 소원은 한번도 이루어지지 않았다. 할머니의 매에서 나를 구해 주었던 것은 언제나 오빠였다. 내가 투정할 수 있는 상대 역시 유일하게 오빠뿐이었다. 가난한 우리 집 사정을 속 시원하게 푸념하고, 부모님에게 품은 불만을 마음껏 털어놓기도 했다. 괜히 꾸중하는 할머니를 험담하는 것은 물론이었다. 어느덧 예측할 수 없었던 할머니의 꾸중에도 지혜롭게 대처하는 법을 스스로 터득하게 되었다. 어린 나이지만, 할머니의 마음에 드는 손녀딸이 되기 위해 순종하는 것이 최우선이라는 것을 서서히 깨달아가고 있었던 것이다.

사람들은 종종 내 머리를 쓰다듬으며 밝고 긍정적인 성품이라며 '자다가도 떡을 얻어먹을 아이'라고도 했다. 그것은 순전히 할머니 덕분이었다. 한편 남다른 환경에 순응하기 위해 몸에 배인 습성이기도 한 것 같다. 부모님의 짐이 되지 말아야 했고, 할머니에게 꾸중 듣지 않기 위해 순종하는 아이가 되어야 했다.

part 3. 상처는 별이 된다

그날 밤, 노래방 사건이 있은 후

할아버지는 내 이름을 부른 적이 없었다. 언제나 '우리 공주'였다. 초등학교 시절부터 슬그머니 천 원짜리 한 장을 찔러주는 할아버지의 손길, 그 온화하고 짜릿한 사랑은 잊을 수 없다. 내게는 무엇과도 바꿀 수 없는 쏠쏠한 기쁨이었다. 그때마다 할아버지의 무릎에 안겨 한껏 뽀뽀로 보답했다. 오빠에게 각별한 애정을 주었던 할머니에 비해 할아버지는 내게 더할 나위 없는 버팀목이었다.

중학교 1학년 때, 그날따라 할아버지가 찔러준 용돈으로 뭔가를 하고 싶었다. 오빠와 나는 일단 집에서 나가기로 했다. 밤 열 시가 지나면 행동을 개시할 작정이었다. 부모님은 새벽기도를 위해 늦어도 밤 열 시 이후에는 잠자리에 들기 때문이었다. 그날따라 일찍 잠자리에 든 부모님 덕분에 아무 걸림돌 없이 야밤 외출을 실행에 옮길 수 있었다. 외출이라기보다 탈출이라고 해야 할 것이다.

유년기부터 소꿉놀이나 인형놀이에 그다지 관심이 없었던 나는 오빠를 따라다니며 놀았다. 새로 지은 아파트에서 오빠와 하루 종일 엘리베이터를 오르락내리락하며 놀다가 경비아저씨에게 혼이 나기도 하고 가까운 논두렁에서 개구리, 귀뚜라미를 잡으며 놀기도 했다. 친구랑 다투거나 문제가 생기면 오빠는 일목요연하게 분석하여 잘잘못을 가려 주기도 하였다. 남다른 동질감을 함께하는 시간이 많았던 오빠와 나는 쉽게 의기투합하곤 했다.

그날도 늦은 밤에 다니는 것이 금기사항이었던 우리 집의 룰을 한번쯤 깨고 싶다는 데 의기투합한 것이다. 그날의 밤공기는 너무나 시원했다. 해방감 때문이었을 것이다. 무더운 여름밤이었으나 더운 줄 몰랐다.

오빠와 나는 집 앞 골목을 벗어나 차량이 오가는 도로변을 걷기 시작했다. 마땅히 목적지가 있었던 것은 아니었다. 그때 문득 노래방 간판이 눈에 들어왔다. 순간 서로 마주 보며 손뼉을 쳤다.

평소 들어갈 엄두조차
내지 못했던 곳이라
노래방은
우리의 호기심을 자극했다.

오빠와 내가 주머니에 들어 있던 꼬깃꼬깃한 용돈을 꺼내고 동전까지 합하자, 다행히 삼십 분 동안 노래할 요금이 되었다. 신바람이 난 우리는 길거리에서 팔짝팔짝 뛰었다. 그러나 누군가 우리의 행동을 지켜보리라고는 짐작하지 못했다.

갓난아기 적부터 이 동네를 살아온 터라, 집과 가족, 교회는 분리될 수 없었다. 그뿐만이 아니었다. 동네 터줏대감인 어르신들이 우리에게 쏟은 관심은 손녀딸 이상이었다. 하지만 우리가 그런 데까지 생각이 미칠 리 없었다.

오빠와 나는 마냥 들떴다. 노래방 계산대에서 계산을 끝내자 노래를 부르고 싶다는 마음만 가득했다. 노래 모음집에서 열심히 선곡한 노래를 두어 곡 번갈아 불렀을 때였다. 갑자기 출입문이 벌컥 열리고 부모님이 나타나셨다. 엄마는 험상궂은 눈빛을 보내며 아무런 말씀도 하지 않으셨다. 아빠 역시 마찬가지셨다.

잔뜩 주눅이 든 오빠와 나는 꼼짝없는 죄인 신세가 되어 고개를 숙인 채 집으로 돌아왔다. 잘못했다는 반성보다는 역시 목회자 자녀라서 제약이 많다는 생각이 들었다.

어느 순간부터인지 나는 차츰 나를 표현하기보다 행동거지를 조심하는 일에 주의를 쏟기 시작했다. 또, 언제부터 그랬는지 정확하지 않지만, 산만하다는 지적도 받았다. 친구들과 인사를 나누면서도 주위를 두리번거린다는 것이다.

한 친구는 그런 나의 행동을 충고해 주기도 하고, 목회자 자녀라서 겪어야 할 가슴앓이라는 것을 이해하며 격려해 주기도 했다. 그만큼 주위에 신경을 쓰며 살아야 했다. 자유롭지 못했다. 무언가 거대한 울타리가 나를 가로막은 채, 울타리 밖에서 누군가 나를 지키고 있는 것 같았다.

오직 열셋 샤론이, 열다섯 샤론이의 부족한 판단이었지만, 나는 존중받고 싶었고 이해받고 싶었다. 그러나 목회자 자녀라는 타이틀은 언제, 어디서나 나에게서 떨어질 줄 몰랐다.

part 3. 상처는 별이 된다

미운
오리 새끼인가,
백조인가?

초등학교 2학년 때였다. 가족들이 모인 자리에서 '나는 주워 온 아이야' 라고 물었다. 무슨 사건이 있었던 것은 아니었는데, 내심 오빠를 귀하게 여기는 할머니에 대한 스트레스가 아니었을까 싶다. 그런데 반응은 뜻밖이었다. 부모님은 엉뚱하게 묻는 딸의 표정이 마냥 재미있었는지 연신 웃으며 주워 온 아이라고 했다.

"샤론아, 너는 저 박달동 다리 밑에서 주워 왔단다."

그 순간, 나는 와락 울음보를 터뜨렸다. 그동안 쌓인 서러움까지 복받쳤다. 어쩌면 내가 주워 온 아이라서 할머니가 오빠만 귀히 여기는 것은 아닌지, 의심하던 차였는데 의심이 사실로 확인되는 순간 나의 절망감은 상상 외로 크게 다가왔다. 나는 나를 낳아 준 친엄마에게 데려다 달라며 떼를 쓰며 울었다. 부모님은 장난이라며 달랬지만 소용이 없었다. 어찌나 막무가내였는지 부모님은 웃음을 거두었다. 그리고 진지한 어조로 내게 말했다.

part 3. 상처는 별이 된다

"그래, 그래. 우리 샤론이 주워 온 애야, 엄마 다리 밑에서 주웠지." 농담섞인 아빠의 그 말씀은 내게 위로가 되었다. 그렇게라도 부모님의 딸임을 확인받고 싶었던 모양이었다.

내가 동화 〈미운오리새끼〉의 주인공 같다는 생각으로 가득 차 있을 무렵이었다. 그날 나는 동화 속의 반전처럼 내가 백조라고 확인한 것만 같았다. 식구들에게 웃어넘길 일이었으나 내게는 대단히 중요한 반전이었다. 그 후로는 누가 주워온 아이라고 놀려도 아무렇지 않았다. 나는 미운오리새끼가 아니라 백조였기 때문이었다.

내게는 동전의 양면처럼 '미운오리새끼'와 '백조' 증후군이 공존한다. 성도들의 각별한 관심에 길들여진 나는 '공주병' 증세가 있었다. 나는 늘 또래의 시샘과 질투를 받았지만 적당히 모른 척하며 의기양양하려고 무던히 애를 썼다. 그러나 항상 마음먹은 대로만 되는 것은 아니었다. 내적으로는 여전히 미운오리새끼였던 것이다. 나는 늘 선망의 대상이 되다가도 순식간에 따돌림 받기가 일쑤였다.

또래 아이들의 시샘을 이해 못하는 것도 아니다. 교회 행사가 있을 때마다 나는 매번 특별한 역할을 맡았다. 아무래도 목사님의 딸이라는 특혜가 작용했을 것이다.

part 3. 상처는 별이 된다

게다가 나는 또래 아이들과 어울릴 시간이 없었다. 앞에 나서서 율동을 하거나, 연극의 주인공이 되려면 준비할 시간이 필요했다. 예배 시간에 피아노 반주를 하려면 꾸준히 연습을 해야 했다. 그 무렵 내 행동으로 부모님이 흠을 잡혀서는 안 된다는 생각에 무엇이든 열심히 하려고 했다. 자연히 또래 아이들을 만나 공감대를 형성할 기회가 부족할 수밖에 없었다.

이러한 감정을 혼자 감당하기에는 너무 답답했다. 차마 오빠에게 말할 수가 없었다. 급기야는 어느 날 믿을 만한 친구에게 마음속으로만 간직했던 이런저런 얘기를 늘어놓기에 이르렀다. 둘만의 비밀을 지켜 달라고 신신당부를 했지만 그 약속은 지켜지지 않았다. 결국 내가 한 말들이 친구의 엄마 귀로 들어가고, 엄마까지 알게 되었다.

엄마에게 전해진 내 얘기는 왜곡되고 부풀려 있었다. 목사의 딸이 그런 말을 하고 다닌다고, 그래서 우리 가족이 시험에 들었다고, 자녀 교육을 제대로 못 하면서 사모 역할을 감당한다며 엄마는 따끔한 훈계를 받았다.

나는 당황하면서도 억울했다. 약속을 지키지 않은 친구에게 배신감이 들고, 속이 상했다. 그 친구만은 나를 위로해 주고 약속을 지켜 줄 줄 알았다. 그런 일이 있은 후, 나는 뒷담화가 두려워 다른 사람들에게 좀처럼 마음을 열 수가 없었다.

왕따 탈출, 쉬운 일이 아니야

나는 잡초처럼 성장했다. 지금은 아무도 그런 시선으로 바라보지 않지만 내 생각에는 변함이 없다. 교회 울타리 안이라고는 하지만 세상 풍파를 겪은 것과 다름이 없었다. 사람들의 지나친 관심 때문에 나는 오히려 외로웠다.

때때로 폭풍우 속에서 길을 잃거나, 비바람에 방치되어 있는 기분이었다. 나는 늘 혼자였고, 여럿이 함께 있어도 혼자라는 생각이 들었다.

나는 웬만하면 아프다고 한 적이 없다고 한다. 참을성을 타고났다고 했다. 유치원 시절, 엄마의 고향인 상주에 버스로 방문한 적이 있는데, 어린 아이가 멀미를 참아내려고 끙끙 소리 내며 땀을 흘리더라는 것이다.

엄마의 판단처럼 참을성을 타고난 것인지는 알 수 없다. 하지만 나는 은근히 사내아이다운 활달한 성품에, 모험과 호기심으로 가득한 내면을 가지고 있었다.

하지만 고민이나 문제가 생겨도 고백하지 못하는 성격도 생기게 되었다. 늘 교회 일로 바쁜 부모님을 힘들게 한다거나, 짐이 되기는 싫었기 때문에 속마음을 털어놓는 일을 좀처럼 하지 않았다.

초등학교 6학년 때였다. 한 친구가 새 옷차림으로 교회에 왔다. 또래 아이들이 선망하던 브랜드였다. 최고의 자랑거리였기에 친구는 옷 자랑에 여념이 없었다. 마침 내가 등장하자, 나에게 새 옷 자랑을 늘어놓기 시작했다. 나도 내심 그 애의 옷이 부러웠다. 그러나 샘이 났던 나는 아무런 말도 하고 싶지 않았다. 그때 옆에 있던 친구가 내게 물었다.

"샤론아, 얘 옷 어때니, 예쁘지?"

"글쎄, 난 그런 무늬 옷은 싫은데….''

그러자 내게 질문을 던진 그 친구는 모여 있던 십여 명의 아이들을 향해 외쳤다.

"내 말이 맞지? 박샤론은 역시 그렇다니까, 그렇게 말할 줄 알았다니까."

나는 십여 명의 아이들이 한꺼번에 야릇한 표정을 짓자 몹시 당황했다. 그들은 이미 나를 테스트하기로 작정했던 것이다. 거기에 나는 보기 좋게 걸려든 꼴이었다. 나는 민망하고 부끄러운 나머지 서둘러 그 자리를 벗어났다.

집으로 돌아온 나는,
여러 가지 생각에 잠겼다.
나는 솔직하게 표현할 줄도 모르고,
칭찬에 인색한 아이였던 것이다.
결코 순종적이고
착한 성품이 아니었다.

반면에
악마의 속삭임도 들리는 듯했다.
나를 궁지에 몰아넣은
그 친구가 더없이 미웠다.
그날 일기장에는 그 애를
비난하는 단어들이 빼곡히 적혀 있다.
땅딸이, 무 다리, 이중인격자 등.

학교생활에서도 혼자만의 시간은 계속되었다. 동네에 초등학교가 하나뿐이어서 교회의 또래 아이들은 같은 학교에 다녔다. 집이 교회였던 내게는 어딜 가나 마찬가지였고, 그것 때문에 항상 곤혹스러웠다. 방과 후 아이들은 교회를 놀이터 삼았으므로 거의 매일 또래 아이들과 부딪쳐야 했다.

또래 아이들과의 부딪히며 나는 변하기 시작했다. 마침내 나의 공주병 증세, 모난 부분이 깨어지기 시작했다. 시기하고 질투하기보다 칭찬하고 공감하자는 마음이 생겨난 것이다.

하지만 왕따 탈출은 그리 쉬운 일이 아니었다. 관심조차 두지 않고 나를 혼자 내버려 두기도 했지만, 시시때때로 야유와 비난을 퍼붓기도 했다. 또래 아이들 서너 명이 지나가면서 손가락질을 한다거나 시비를 걸기도 했다. 아이들은 그룹을 형성하고 자기들만의 교제와 우정을 더욱 돈독히 하며 내 앞에서 과시하려 들었다. 가장 나를 두렵게 한 건 '이따 목사님한테 일러바친다.'라는 말이었다.

'그래 난 하나님의 자녀이며
후사이며 왕 같은 제사장이다.
거룩한 왕따가 되자!
모든 것은 생각하기 나름이다.'

이런 상황에서 벗어나야겠다는 자각이 들었지만, 뾰족한 방법이 있을 리 없었다. 용돈을 털어 아이스크림을 사 주기도 하고 칭찬과 배려하는 마음을 드러내고자 노력했다. 인기 많고 호감을 주는 아이들을 관찰하여 따라 하기도 했다. 그러자 차츰 아이들의 태도가 달라지기 시작했다.

하지만 진심으로 내 마음을 열기는 어려웠다. 왕따를 당했던 경험이 마음의 벽을 만들었던 것이다. 아이들과 어울리면서도 늘 혼자라는 느낌을 지울 수 없었다. 자칫 고민이나 어려움을 늘어놓다가도 순간, 부메랑처럼 더 큰 상처가 될 것을 염려하곤 했다.

코스타 집회를 감동시킨 의료선교의 산 증인 이병욱 박사님께서 얼마 전 우리 교회에서 간증집회를 하셨는데 이런 고백을 하셨다. "왕따를 당했다고 상처받지 마십시오! 왕따란 '왕은 따로 논다.'의 줄임말입니다."
박사님의 간증을 듣고 난 후 나는 어릴 적 기억이 떠올랐다. 그리고 이렇게 결심했다.

"
그래 난 하나님의 자녀이며
후사이며 왕 같은 제사장이다.
거룩한 왕따가 되자!
모든 것은 생각하기 나름이다.
"

지금은
추억이 되어 버린
웃지 못할 일들 1

내가 처음 가출을 시도했던 건 유치원 시절이었다. 어렴풋한 기억이긴 하다. 잘 사는 친구네 집에 다녀오자, 우리 집이 너무 초라하고 가난하게 보였다. 마침 심방 다녀온 엄마에게 울먹이며 따졌다. 내 방이 갖고 싶고 누군가에게 얻은 옷이 아니라 시장에서 새로 사온 새 옷이 입고 싶다고. 그리고 우리 집은 왜 이처럼 가난한지, 우리는 왜 좋은 집에서 살 수 없는지 물었다.
바쁜 엄마에게 어린 딸의 질문은 시답지 않았을 것이다. 엄마는 가볍게 대꾸하셨다. 친구네 집이 그렇게 좋으면, 그 집에서 살라고…. 더 이상 관심을 가져 주시지 않았다. 방구석에 웅크리고 있던 나는 마침내 가출을 결심했다. 분홍 보자기에 옷가지를 주섬주섬 챙겼다. 분홍보자기는 할머니가 머리에 쓰던 것이었다. 보다 못한 엄마에게 나는 엉덩이를 두들겨 맞았고, 그제야 가출을 포기하게 되었다.
아빠에게 딱 한번 매 맞은 적이 있는데, 성적 때문이었다. 초등학교 3학년 중간고사에서 한 과목이 '양'이었던 것이다. 아빠는 수, 우, 미, 양, 가로 평가받는 중에 '미'까지는 묵인하셨다.
단지 '양'을 받아서만이 아니라 그렇게 형편없는 성적을 받고서도 아무런 생각 없이 노는 일에만 전념(?) 하는 딸을 한번쯤은 잡아야겠다는 생각을 하신 듯하다. 삼십 센티미터의 자를 가지고 온 아빠는 책상 위에 손을 올려놓으라고 하시고는 내 등 뒤에서 종아리를 때렸다.

하나, 둘, 셋, 넷…. 그때 서른 대가량 매를 맞았다. 그다지 아프지는 않았지만, 잘못했다는 생각에 울지 않으려고 꾹 참았다. 어쩌면 아빠는 울며 잘못했다고 하기를 바라지 않았을까.

그런데 울음보가 터진 것은 엉뚱한 곳이었다. 우리 교회 집사님 쌀가게에서였다. 아빠가 때린 곳에 시꺼멓게 멍 자국이 들었던 것이다. 집사님은 내 다리를 보시더니 놀란 눈으로 어찌 된 일이냐고 물었고, 그 질문에 그만 서럽게 울고 말았다. 매 맞을 때는 아프다는 생각도 못했는데, 멍을 확인하자 괜히 눈물바람이 났다. 집사님께서 차마 성적 때문에 맞았다고 하지 못하고, 그냥 울다가 쌀가게에서 잠이 들고 말았다.

그 집사님께서 아빠에게 전화를 하셨는지 흔들리는 느낌에 잠이 깼는데 아빠가 나를 꼭 안고 집으로 돌아오고 계셨다. 아빠와 눈이 마주치면 서러움에 또 눈물이 날까 봐 자는 척했던 기억이 난다. 아빠가 상처가 빨리 아무는 연고를 발라주시며 꼭 안아 주시던 그 기억은 지금 생각해도 코끝이 찡하다.

힘들 때마다 찾아가면 아이스크림 사 주시며 내게 큰 위인이 되있던 그 집사님은 지금은 우리 교회 장로님이 되셨다. 그때나 지금이나 여전히 나의 쉼터가 되어 주시는 고마운 분이시다.

지금은 추억이 되어버린 웃지 못할 일들 2

언제부턴가 나는 산타할아버지의 존재를 부정했다.

크리스마스가 되면 어김없이 양말을 머리맡에 놓고 잠이 들었지만

산타할아버지가 선물을 주신다고 생각하지 않았다.

그건 멜라민 밥그릇 세트 때문이었다.

크리스마스 아침, 선물을 보고 왜 선물이 예쁜 핀이나,

맛있는 과자나 사탕이 아니라 왜 밥그릇이었는지 이해가 되지 않았다.

나는 포장지 속에 들어 있던 카드를 살펴보기 시작했다.

아빠 글씨와 대조했으나 분명히 달랐다.

그런데 산타할아버지의 필체가 엄마 글씨와 똑같지 않은가.

part 3. 상처는 별이 된다

나는 그제야 모든 것을 알아차릴 수 있었다.

교회 성도 분들이 엄마, 아빠에게 선물한 것을 내게 다시 주신 것이다.

성탄절에 사랑하는 딸에게 선물을 하고 싶기는 한데 선물을 살 여력이

없던 터에 누군가 건네준 밥그릇세트를 잠자고 있는 딸의 머리맡에

놓아 두신 것이다. 풀어 보고 나면 실망할지언정 그래도

산타할아버지의 역할을 하고 싶으셨던 모양이었다.

지금 생각하면 큭~ 하고 한 번 웃고 지나갈 일이지만

밥그릇 세트를 어린아이가 도무지 이해하기 어려운

황당한 선물이었고 하마터면 산타할아버지는

내 마음도 몰라주는 센스 없는 분이 될 뻔했다.

part 3. 상처는 별이 된다

네 꿈을 펼쳐라
꿈의 첫발 내딛기
- 스티커 사진 찍기

중학교 때부터 장래 희망란에 언제나 '스튜어디스'라고 적었다. 비행기를 타고 싶어서였을까. 여행을 하고 싶어서였을까. 스튜어디스가 되고 싶은 이유는 오직 교회를 떠날 수 있다는 이유 때문이었다. 목사님 딸, 박샤론이 아니어도 되는 곳에서 내 모습을 그대로 바라보는 사람들 속에서 생활하고 싶은 바람이었다.

그동안 흥미진진하거나 서프라이즈한 일들은 나와 거리가 멀었다. 그저 평범한 날들, 어제가 오늘 같고, 오늘이 내일 같기만 한 일상 속에 키 크고 싱거운 아이, 착한 아이, 순종 잘하는 아이의 대명사가 나였다. 그런 나의 이미지에서 벗어나고 싶었다. 어떤 일이든 열심히 하고 뛰어난 아이이고 싶었다. 텔레비전 화면에서 볼 수 있는 사람들이나 무대에 서는 사람들이 마냥 부러웠다.

잡지와 만화를 좋아했던 나는 집 근처 비디오와 만화 대여점의 단골손님이었다. 잡지의 화보와 기사들을 즐겼다. 잡지를 보는 동안에는 상상의 날개를 펼칠 수 있었고, 내게도 기발하고 특별한 이벤트가 벌어질 것만 같았다. 무난하고 평범한 시간들이 아니라 날마다 즐겁고 행복하기를 기대했다.

어느 날, 자주 드나들던 대여점 입구에 스티커 사진기가 자리 잡고 있었다. 호기심 가득한 마음으로 바라만 보고 있던 내게 주인아저씨는 친근하게 새로 들여놓은 기념으로 서비스라며 공짜로 스티커 사진을 찍어 보라고 했다. 처음 찍은 스티커 사진 속의 나는 부끄럽게 웃고 있었고, 어색하고 쑥스러운 기색이 역력했다. 그다음부터 나는 스티커 사진 찍기에 빠져들었다. 이상해서 찍고, 좋아서 찍고, 잘 나와서 찍었다. 찍고 또 찍었다. 천 원이면 16분할로 된 스티커 사진을 가질 수 있었다. 한동안 할아버지가 주신 용돈의 대부분은 스티커 사진 비용으로 지출되었다.

스티커 사진을 찍는 공간은 머리 위쪽에서 허리춤까지 작은 천막으로 씌워 있어서, 주변에서 내 모습을 볼 수 없었다. 그곳은 나만의 공간, 놀이터였다. 아무도 간섭하는 사람 없이 나만의 표정 연출이 자유로웠다. 게다가 스티커로 간직할 수 있지 않은가. 친구들에게 주기도 하고, 교과서나 노트 한쪽에 이름 대신 붙여 놓기도 했다.

내 모습이 자신만만했다거나 자랑스러웠던 건 아니다. 그 무렵 우리들의 선망의 대상은 영화배우 이영애 씨였다. 이영애 씨처럼 쌍꺼풀이 있는 커다란 눈망울, 하얀 피부에 얇은 입술을 선호했다. 그런데 하필 나는 이영애 씨와는 정반대 외모였다. 큰 키에 쌍꺼풀 없는 눈, 도톰한 입술, 이 모든 게 콤플렉스였다. 특히 입술이 어찌나 싫었던지 조그맣게 보이려고 입술을 포개고 한껏 다물고 다녀야 했다.

얼마 지나지 않아 미인형이 달라졌다. 탤런트 김현주 씨의 입술이 우동 광고에서 주목을 받았으며, 김혜수 씨의 등장으로 도톰한 입술이 섹시함의 대명사가 되었다. 입술을 얇게 보이려고 애쓸 필요가 없었다. 비로소 잠자고 있던 모델의 꿈을 드러내고 싶었다.

한번은 대여점에서 빌려온 잡지에 모델 선발대회 광고가 게재되어 있었다. 그때가 단발머리 중학교 2학년생이었는데 키는 이미 173센티가 넘었다. 나는 슬그머니 광고에 첨부된 모델 지원서를 칼로 오려 냈다. 대여한 잡지의 훼손은 금지되어 있었는데 말이다. 사진을 붙이고 자기소개서를 작성했다. 최선을 다해 준비했다.

part 3. 상처는 별이 된다

얼마 후 1차 합격자 명단이 발표되었는데 내 이름이 들어 있었다.
첫 도전의 결과, 얼마나 기뻤는지 모른다.
그런데 2차 시험일이 바로 주일이었다.
주일 예배를 빠진다는 것은 나에게 있을 수 없는 일이었다.
결국 2차 시험을 포기해야만 했다.
그런 일들은 계속되었다. KIKI, CECI 같은 월간지에서 주최하는
모델 선발대회마다 1차 합격 통보를 받았으나
2차 시험인 면접에 참가할 수 없었다.
공교롭게 교회 행사와 겹치곤 했기 때문이다. 매번 포기했으나
속상하고 아쉬운 마음은 감출 수 없었다.
그 당시 합격자 중 '신민아' 씨와 '김민희' 씨가 있었다.
신민아 씨는 나와 동갑내기여서 그랬는지 내 아쉬움을 더욱 자극했다.
그녀가 부럽기만 했다.
나도 저 자리에 설 수 있었을지도 모른다는 마음이 요동을 쳤다.

part 3. 상처는 별이 된다

그러던 어느 날 고등학교 1학년 때,
학교 홍보용 팸플릿 표지모델로 선발되었다.
 뜻밖의 행운이었다. 1학년부터 3학년까지 각 반에서 한 명씩 참가하였는데,
우리 반에서는 내가 뽑히고 최종으로 또 내가 뽑히게 되었다.
급식시설을 소개하는 사진에는 급식소 식판을 들고 줄 선 학생으로,
체육관 시설 등 시설물을 소개하는 사진에는
삼삼오오 어울려 연습하는 모습을 연출하였다.
나중에 팸플릿에 인쇄된 내 모습에 기뻐하시는 엄마의 표정을 보며
나는 내가 한 일이 정말 자랑스러웠다.
나도 누군가를 기쁘게 할 수 있는 아이였다.

다이어리를 빼곡히 채운 단어, diet

나의 식탐은 어릴 적부터 걱정거리였다. 식탐 때문에 종종 엄마의 핀잔을 듣곤 했는데, 그때마다 은근히 배불리 먹지 못한 유년기 탓으로 돌렸다. 때때로 주위 사람들도 내가 먹는 모습을 보면 깜짝 놀란다. 뷔페에 갈 기회가 있을 때마다 과식하는 편이었는데, 한번은 일곱 접시나 먹는 바람에 탈이 나서 심하게 배앓이를 한 적도 있다.

내 식탐을 저지하기 위한 엄마의 노력은 필사적이었다. 특히 저녁 식탁에서는 유난히 식사량에 대한 저지가 심했는데, 수저를 내려놓으라고 한 적도 있었다. 자연스럽게 먹거리 앞에서 눈치를 보게 되었다. 아마도 두리번거리는 습관은 그 때문일 것이다. 두리번거리다가 자칫 엄마의 눈빛과 마주치기라도 하면 영락없이 그만 먹으라는 이야기를 들었다. 그 때문에 가능하다면 엄마와는 식사자리에 가고 싶지 않았다.

나는 특별히 가리는 음식이 없었다. 어떤 음식에 맛 들이면 계속해서 그 음식을 찾았고, 길거리의 포장마차 음식도 좋아했다. 어묵이나 떡볶이, 튀김, 순대 등. 특히 순대는 간 허파를 더 맛있게 먹는 편이었다. 겨울철에는 호떡이나 군고구마를 좋아하고, 빵은 언제나 최고의 간식이었다.

돼지고기가 듬뿍 들어간 김치찌개, 감자가 충분히 들어간 엄마의 된장찌개는 언제 먹어도 질리지 않았다. 아침을 먹고 수저를 놓으며 점심때는 뭘 먹을까라고 중얼거리기 일쑤였다. 게다가 디저트는 빼놓지 않고 먹었다. 비만이 될 요소를 골고루 갖춘 셈이었다.

언젠가 교회 여름 수련회에 엄마가 식사 도우미로 참여하게 되었는데, 나는 그 일이 탐탁지 않았다. 나는 또 엄마의 눈치를 살피며 음식을 먹어야 하고, '그만 먹어라, 그만 먹어라.'는 잔소리를 계속해서 들어야 할 것만 같았다. 아니나 다를까, 예상은 적중했다. 점심 때, 숯불에 고기를 구워 먹었는데, 나는 친구들과 이야기를 나누며 맛있게 먹기 시작했다. 잠깐 두리번거리다가 곧 고기 맛에 푹 빠져들었다. 그런데 역시 우리 엄마다웠다. 한동안 내 주변을 맴돌던 엄마는, 고기 먹으랴, 친구들과 얘기하랴 정신없는 내게 다가왔다.

"그만 좀 먹지, 너무 많이 먹는 거 같아."

그 순간, 나는 서러움이 울컥 치솟아 올라 그 자리를 뛰쳐나오고 말았다. 화장실에서 얼마나 울었을까. 친구들 앞에서 그런 상황을 연출한 엄마가 한없이 미웠으며, 그 자리를 박차고 뛰쳐나온 행동이 후회스럽기도 했다. 친구들의 와자지껄한 웃음소리가 들려 왔으나 그 자리로 돌아가고 싶지 않았다. 창피하고 부끄러웠다.

중학교 3학년 때는 마른 편이었다.
173센티미터에 48킬로그램이었는데도 불구하고
늘 다이어트가 필요하다고 생각했다.
살이 찌면 '덩치'라고 불리지나 않을까라는 염려 때문이었다.

하지만 생각뿐이었다. 다이어트를 하기 위해
운동을 실행에 옮긴 적이 거의 없다.
그래서 그런지, 다이어리 곳곳에는 'diet'라는
단어가 즐비하다.
다이어트에 대한 구체적인 계획도 없고
성과도 없으면서도
다이어리에 다이어트의 흔적만을 남겼다.
내가 노력하는 모습을 엄마에게
보이고 싶었는지도 모르겠다.

모녀는 닮았다

나는 엄마에게 바라는 게 참 많았다. 책을 읽거나 단어를 외우는 모습을 보이고 싶었고, 다섯 알 공기로 내기도 하고, 줄넘기를 얼마나 잘하는지 칭찬받고도 싶었다. 상처 난 무릎에 연고를 발라 주며 마음 아파하는 엄마의 모습이 그리웠으며, 놀림을 당하거나 억울할 때 무조건 내 편이 되어 주기를 바랐다.

하지만 엄마는 늘 다른 사람들을 위한 일로 바쁘기만 했다. 하나뿐인 딸 가까이에서 같이 있어 줄 수가 없었다. 친구들과의 문제를 고백하면 생각할 겨를도 없이 엄마는 내 탓이라고 했다.

*"샤론아, 네 잘못이야.
네가 참았어야지.
그러면 안 되지."*

나는 이내 말문을 닫아 버렸다. 내 편이 되어 주지도 않고, 내 얘기에 귀 기울이지도 않는 엄마가 싫었다. 그런 일은 반복되었고, 차츰 내 이야기는 하지 않게 되었다. 이러한 감정 때문에 나는 사소한 일에도 걸핏하면 눈물바람이었다. 초등학교 3학년 때였을 것이다. 추운 겨울날, 보라색 투피스 차림으로 떨고 있는데, 엄마는 따뜻하게 안아 주기는커녕 이 정도 추위는 참을 수 있어야 한다고 했다.

다른 아이들은 엄마가 모자에 목도리, 마스크까지 겹겹이 껴입으라고 해서 불만인데, 우리 엄마는 왜 이런지 의문스럽기만 했다. 그뿐만이 아니었다. 허리를 곧게 펴고 걷기를 강조하였고, 앉을 때는 두 손을 가지런히 무릎 위에 올려놓으라고 했다. 어르신들에게 인사할 때는 정중하게 고개 숙여야 하고, 함부로 뛰어다녀서는 안 된다고 늘 잔소리를 하셨다. 아무래도 엄마는 어린 딸이 미스코리아가 될 줄 미리 예견한 모양이다.

이처럼 나를 향한 엄마의 기대는 남달랐다. 그렇지만 엄마 앞에서는 순종하지 못했다. 시무룩해지기 일쑤였다. 당당하고 예의 바른 태도를 바라는 엄마에게는 한없이 부족한 딸이었던 셈이다.

고등학교 졸업 선물로 '엄마의 선물'이 도착했으니 일찍 들어오라는 메시지가 휴대전화기에 떴다. 들뜬 마음에 서둘러 집에 도착한 나는 깜짝 놀랐다. 거실에는 중고품 러닝머신을 비롯한 운동기구 세트가 있었다. 중고 운동기구가 선물이라니.

"큰 키에 뚱뚱하면 놀림감이 되기 십상이야.
네가 먼저 스트레스를 받게 될 거야.
그렇게 되면 자연히 정신건강이 나빠지고
결국 건강을 잃게 되는 거야, 샤론아?"

엄마는 늘 내가 살이 찔까 염려했다. 엄마의 체질을 닮아 쉽게 살찌는 편이었던 나는 음식을 절제하지 않으면 바로 5킬로그램이 늘었다. 쉽게 찌면 쉽게 빠졌으면 좋으련만 언제나 그렇지 않았다. 엄마의 딸이기에 어쩔 수 없이 닮은 체질, 그런 내게 엄마의 잔소리는 배려였으며, 애틋한 사랑이었겠지만, 그 순간은 불만스러웠다.

늘 함께하지 못하고, 먹을 것, 입을 것은 물론 생활 면에서 보살펴 줄 수 없었던 사모였기에 엄마는 더욱 강인한 모습으로 내게 가르침을 주었던 같다. 엄마는 내 나이에 첫 아들을 낳고 일본어 번역으로 돈벌이하며, 뒤늦게 목회자의 길을 가는 아빠의 뒷바라지를 하셨다. '엄마는 가난하고 병든 아빠를 어떻게 선택할 수 있었을까? 나라면 엄마의 반대를 무릅쓰고 아빠 같은 배우자와 결혼할 수 있을까?' 지금의 아빠라면 대환영이지만.

반듯한 대학을 졸업한 엄마가 세상의 잣대로는 보잘것없었던 아빠와의 결혼은 놀라운 일이었다. 아빠에 대한 엄마의 깊은 사랑과 하나님의 인도하심이 아니라면 불가능했을 것이다. 고난을 하나님이 주신 기회로 삼은 엄마가 자랑스럽다.

상처가 되었던 비난이나 야유의 말들이
디딤돌이 되기 시작했다.
상처가 별이 되었던 것이다.

상처가
별이 되게 해준
'재수'

새삼스럽게 어릴 적, 힘들었던 시절의 기억이 되살아난 적이 있었다. 고3 1학기 수시에 이화여대를 지원했는데, 1차에 합격하고 2차 면접에서 합격하면 수능을 보지 않아도 되는 상황이었다. 간절히 기도했지만 불합격이라는 실망스런 결과가 돌아왔다.

재수가 시작되면서 나는 주일 예배만 드렸다. 가능하면 교회 안에서 눈에 띄고 싶지 않아서였다. 재수생이라는 부담감도 있었지만, 내 자신이 부끄럽고 창피했다. 어느덧 하나 둘 주변의 친구들과 멀어지고 가까운 친구는 남아 있지 않게 되었다.

'혼자'를 느끼면서 생긴 습관일까. 내게는 독특한 습관이 있다. 그것은 종종 혼잣말을 한다는 것이다. 다른 사람이 듣지 못하게 중얼거린다. 때와 장소를 막론하고 하나님과의 대화를 하기도 한다. 가령 오지 않는 버스를 기다리다가 불쑥 중얼거린다. '하나님 버스 좀 빨랑 보내 주세요.'

어릴 때는 주로 투덜거렸지만 지금은 순간순간 감사의 고백이 늘어나고 있다. '하나님 새 날을 주셔서 감사해요. 비가 많이 와서 공기가 맑아졌어요.' 일상적인 중얼거림, 하나님을 향한 옹알이라고 해야 맞을 것이다.

하지만 아무리 노력해도, 나에 대한 선입견과 편견은 씻은 듯이 사라지지 않았고 나 역시 또래 아이들의 비난에 익숙해질 만도 하건만, 힘들기는 매번 마찬가지였다. 차츰 혼자 있는 시간이 늘어나면서 눈총을 받는 일들이 줄어들었다. 홀가분했다. 재수한다는 게 좋은 핑곗거리가 되어 주었던 것이다.

그러나 그 시간은 나를 조금씩 성장시키고 성숙시켰다. 상처가 되었던 비난이나 야유의 말들이 디딤돌이 되기 시작했다. 상처가 별이 되었던 것이다. 아마 그렇지 않았다면 공주병에 열등감 덩어리인 채, 한없이 어린 영혼의 소유자가 되었을지 모른다.

목사님 딸이 재수한다는 이유로 교회를 떠난다는 성도가 있었다. 자식 교육에 서툰 목사를 어떻게 믿고 따르겠느냐는 것이다. 얼마나 울었는지 모른다. 하나님 어디 계시느냐고 울부짖었다. 부모님의 마음이 어땠을지는 짐작하기도 어려웠다. 그러나 잠잠히 기도하는 부모님을 보며 나 역시 기도할 수밖에 없었다.

힘들고 괴로울 때마다 기도하게 하는 하나님, 그래서 다시 일어나게 하는 하나님. 기도를 통해 나는 원망으로 얼룩진 시간들과 부끄럽고 못난 내 모습을 직면할 수 있었다. 한번은 당돌하게 아빠에게 말씀드린 적이 있었다. 아르바이트를 해보고 싶다고. 내 삶의 중심이 교회인 것이 싫고 한번쯤은 다른 세상을 경험하고 싶다고.

하지만 아빠의 대답은 한결같았다. '책 한 권 읽으면 시급 3천 원 주마. 아르바이트할 생각하지 말고 그 시간에 널 위해 투자했으면 좋겠다. 교회 아이들을 가르쳐도 좋을 것 같고.' 아빠가 보기엔 마냥 어린 딸일 뿐이었다. 재수를 하기 전 항공운항과를 지원하여 스튜어디스가 되겠다는 소망을 말씀드린 적이 있다. 순진한 마음으로 대화하고 의논한 것이 아니었다. 오랫동안 마음에 담고 있던 고백이었다. 그런데 아빠의 단호한 대답에 울먹이고 말았다. 강대상에서처럼 땅 땅 땅 나무망치 소리가 들려올 것만 같았다. 나는 속으로 혼잣말을 했다. 괜찮아 괜찮아….

그것이 내가 아빠에게 저항할 수 있는 유일한 방법이었다.
아빠는 4년제 대학을 졸업하고 나서 스튜어디스는 공채로 지원하라고 설득하셨다. 나는 순종하지도 못하고, 적극적으로 부인하지도 못한 채 그 자리를 물러나야 했다. 사실 스튜어디스가 되고 싶었던 것은 교회로부터 벗어나는 길이라고 생각했기 때문이다. 사실 그 직업에 대한 정확한 정보도 가지고 있지 않았다.

그즈음 주일 대예배 설교 제목이 '반항과 반응'이었는데, 하나님 말씀에 반항하는 사람과 제대로 반응하는 사람에 관한 말씀이었다. 그 말씀은 선명하게 내 가슴에 꽂혔다. 한동안 우울하고 불만스러울 날들을 지내고 있었는데, 그 순간 깨달음이 왔다. 어쩌면 아빠로서 딸을 향한 안타까움이 담긴 설교가 아니었을까. 삐뚤어진 나의 속내를 모를 리 없는 아빠였기 때문이다. 아빠의 말씀은 옳았고, 나도 아빠의 의중을 분명하게 알고 있었지만, 세상으로 나아가 다치고 넘어지면서 일어나는 법을 배우고 싶었다. 사람들과 교제하며 영향을 주고받고 싶었다. 그 사람들을 포용하고 함께 나누고 섬기며 전도하고 싶었다.

리빙스턴이 말했다.
가장 높이 나는 새가 가장 멀리 본다.

"눈에 보이는 것을 다 믿지 마라 보이는 것은 한계일 뿐이다." 우리는 보이는 것만 믿으려고 하는 속성이 있다고 한다. 그러나 보이는 것은 한계일 뿐이란 사실을 기억해야 한다. 세상에 우연이란 없다. 마음속으로 항상 생각해 왔던 것들, 우연이라 일컫는 이 세상 모든 것조차 항상 마음속으로 간절히 원해 오던 소망이 실현된 것이다.

part 3. 상처는 별이 된다

거룩한 목사님, 눈물 흘리는 아빠

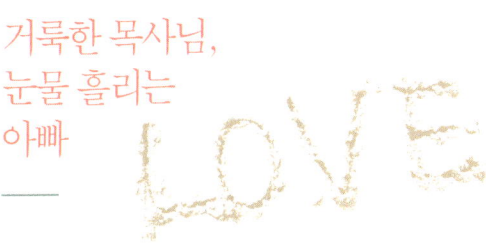

"샤론아, 넌 엄마 아빠의 가장 큰 상급이야."
"하나님께서 우리 샤론이를 결코 잊지 않으신단다."
부모님이 수시로 했던 이 말들은 내게 가장 큰 가정교육이라고 해도 과언이 아니다. 어린 시절, 말씀을 선포하는 아빠는 내게 하나님이었다. 주일마다 하얀 가운을 입고 땅, 땅, 땅, 나무망치로 예배시작을 알리는 아빠의 모습은 심판하는 하나님 같았다.

강대상 위에서 설교하는 아빠는 성도들 앞에서나 강대상 위에서나 평소 집에서 생활하는 모습이 한결같으셨다. 그런 하나님이자 목사님인 아빠에게 내가 어떻게 순종하지 않을 수 있겠는가. 나의 가정교육은 그렇게 이루어졌다. 아빠는 부정적인 단어를 사용하지 않았으며, 내게 하지 말라고 강요하거나 윽박지르지도 않았다. 하지만 아빠의 말씀을 거역한다는 것은 '죄짓는 일' 같았다.

아빠가 나를 너무나도 믿어 주었기에 더 그랬는지도 모르겠다. 아빠의 사소한 꾸중에도 숨이 멈추는 것 같았다. 아빠는 설교 시간에 이런 말씀을 자주 하셨다. 아이들이 어려서 하나님께 헌신을 못한다는 분들을 향해 "아이들을 기르는 건 엄마가 하는 것이 아니라 하나님이 하시는 것임을 아셔야 합니다. '아이들이 조금 더 크면 헌신할게요.' 하는 것은 핑계에 지나지 않습니다."

하나님을 사랑한다면
그 사랑의 힘이 그 사람을
능동적으로 움직이게 함을 믿으시기에
그렇게 가르치신 것이다

맞는 말씀이라고 생각한다. 나는 설교를 통해 아빠를 알아 갔으며, 그것이 내게는 가정교육이기도 했다. 1등을 요구하시진 않았지만 늘 공부에 최선을 다할 것을 가르치셨다. 하나님이 쓰시는 사람은 지혜와 지식을 겸비한 자이며 도덕성을 갖춘 자임을 언제나 상기시켜 주셨다. 이러한 아빠의 가르침은 반드시 지켜야 할 '실천 강령'으로 느껴졌고 결국 아빠를 실망시켜서는 안 된다는 다짐으로 이어지곤 했다.

부모님의 모습은 가르침이었다. 하나님과 교회가 우선순위였던 부모님이기에, 그 모습은 그대로 내게 전해졌다. 시험기간에도 공부보다 먼저 교회 일이 먼저였다. 중학교 3년, 고등학교 3년 동안 아빠는 나를 손수 학교에 바래다 주셨다. 그 시간은 아빠와 나만의 대화 시간이었다. 하지만 여전히 아빠의 존재는 하나님 같았으며 강대상 위의 목사님의 모습이었다.

짧은 통학시간은 대개 침묵이 흘렀고, 모자란 잠을 자기 일쑤였다. 다만 차에서 내리기 전, 언제나 아빠는 안수기도를 해 주셨다. 아빠는 그렇게 그저 바라만 보고 지켜 주던 내 마음속의 '슈퍼맨' 같은 존재였다.

힘들고 어려울 때 늘 아빠가 곁에 있어 준 건 아니었지만 늘 내 편이 되어 주었고 격려해 주었던 아빠를 생각하는 것만으로도 충분히 위로가 되고 힘이 되기에 부족함이 없었다. 하지만 내가 대학입시에 실패했을 때, 아빠는 눈물을 흘리셨다. 딸의 힘들어하는 모습을 보며 내색하지 않으셨지만 고통스러웠을 아빠, 아빠의 뺨에 흘러내리는 눈물과 작은 흐느낌은 내게 놀라운 사건이었다.

아빠에게 눈물이 있었다니. 하나님 같던 아빠, 강하고 크게만 보였던 아빠였는데. 그 눈물은 강대상 위에서의 눈물과는 너무나 다른 것이었다. 아빠도 나처럼 울 수 있다는 약한 존재란 사실에 놀라웠다. 또한 재수를 하면서 아빠와 나는 비로소 대화의 문이 열리게 되었다. 진로와 학업에 대해 대화하며 아빠와 가까워지게 된 것이다. 그제야 비로소 다른 아이들처럼 '아빠'를 친근하게 부를 수 있었다. 재수를 시작하고 얼마 지나지 않아서 슬럼프가 오기 시작한 나는 마음이 한없이 어두웠다. 그날도 다른 날과 마찬가지로 지하철역까지 데려다 준 아빠는, 내 기분을 감지했는지 슬그머니 물어왔다.

"샤론아, 힘드니?" '힘드니?'라는 그 단어 한마디에 아무 말도 못하고 주르르 눈물을 흘리고 말았다. 그리고 한동안 마음을 추스를 때까지 기다리던 아빠에게 '아빠, 나 창피해.'라고 말했다. 대학생활을 즐기고 있는 친구들을 보는 것이 힘들었던 것이다. 다음 날, 아빠는 잘 접은 쪽지를 내 손에 쥐어 주었다. 그 쪽지는 아빠의 사랑, 아빠의 안타까움을 한꺼번에 전하는 것 같았다. 그 쪽지에는 이렇게 적혀 있었다.

샤론아, 힘들지? 이것만은 기억해라, 넌 혼자가 아니란다. 아빠는 널 위해 죽을 수도 있어. 그 이후로 힘든 일이 있을 때마다 그 단어가 머릿속을 스치고 지나갔다. '아빠는 널 위해 죽을 수도 있어!'
그래 난 혼자가 아니야. 난 혼자가 아니었다. 그리고 시간이 지난 지금 비로소 깨닫게 되었다. 그 아픔의 시간들이 결코 헛되지 않았음을….

199

part 3. 상처는 별이 된다

하나님
닮았어요

아빠가 쓰신 책 『하늘 비전으로 형통하라』에서는 하나님 앞에서의 삶이 얼마나 중요한지 여러 차례 강조하고 있다. 지금 나는 그것을 절실히 깨닫고 있다. 힘들고 험난한 인생 광야에서 요셉은 하나님을 갈망하고 언제나 하나님 앞에서 살아갔다. 그렇기 때문에 세상에서 인정하는 성공을 누렸을 뿐만 아니라 진정 하나님으로 가득한 삶, 성공적인 삶을 살 수 있었다.

아빠는 입버릇처럼 '하나님이 나를 어떻게 평가할까.
하나님 앞에서 나는 제대로 살고 있는가.'를
스스로 질문하라고 하신다.
이제 아빠의 말씀은 나를 점검하는 일상이 되어 버렸다.
목회자 자녀의 운명, 달란트일 것이다.

어릴 때부터 예배를 벗어나거나 결석한 적이 없었다. 예배시간이 좋았다. 평소에 졸음이 많지만 예배시간에는 졸리지도 않았다. 아빠를 어려워하며 존경하기에 그랬을 것이다. 주님을 찬양하는 것이 좋았고, 말씀을 통해 느끼는 은혜에 감사했다.

들려오는 얘기로는 목회자 자녀가 빗나가는 경우가 많다고 한다.
목회자인 아빠에게 실망하기 때문이라는 것이다.
그런 면에서 나는 복 받은 목회자 자녀다.
아빠는 강대상 위에서나 집안에서나 늘 같은 모습이셨다.

내가 한창 힘들었을 때 아빠는 『하나님 닮았어요』라는 책을 건네주시며
읽어 보라고 하셨는데 이런 내용이 첫 장에 나온다.

'우리는 그의 만드신 바라' (엡 2:10)
'우리는 하나님의 형상대로 만드신 하나님의 작품이다.
우리 자녀들은 부모를 닮기 이전에 하나님을 닮았다.
먼저 부모들이 믿음의 눈으로 자기 자녀 속에서 하나님의 형상을 보아야 한다.'

책장을 넘기면서 내 가슴 속에 작은 전율이 느껴지고 있었다.
'그래 난 하나님을 닮았어.' 아빠가 건네주신 책 속에는
어김없이 또 작은 쪽지가 끼워져 있었다.
'오늘 새벽 너의 자는 모습을 보았는데, 정말 많이 닮아 있더구나.
넌 하나님을 많이 닮았어! 세상에서 하나뿐인 하나님의 걸작품 존귀한 샤론!
오늘도 행복하길.'

복있는 사람은
오직 여호와의 말씀을 즐거워하여
그 말씀을 주야로 묵상하는 자로다
(시 1:1)

part 3. 상처는 별이 된다

구원의 은혜,
택함 받은 하나님의 자녀,
하나님의 가치,
하나님의 후사….

늘 들어왔던 너무나 당연한 이야기이고 이미 알고 있는 사실이었지만
아빠가 보내 준 작은 쪽지의 위력은 상상을 초월할 만큼
작은 소용돌이가 되어 가슴속 전체를 적셔 주었다.
그때부터 또 하나의 꿈이 생겼다.
엄마, 아빠를 꼭 빼어 닮은 삶을 사는 것,
그리고 하나님을 꼭 빼어 닮은 하나님의 자녀가 되는 것이다.
사랑하는 사람은 닮아 간다는 말이 있다.
하나님을 닮아 가길 기도한다.

복있는 사람은 오직 여호와의 말씀을 즐거워하여 그 말씀을 주야로 묵상하는 자로다 (시 1:1)

사랑을 더하면 온전해집니다.
이 모든 것 위에 사랑을 더하라 이는 온전하게 매는 띠니라(골 3:14)

– 도서출판 사랑플러스는 이 땅의 모든 교회와 성도들을 섬기기 위해 국제제자훈련원이 설립한 출판 사역 기관입니다.

상처는 별이 된다

초판 1쇄 발행 | 2009년 10월 7일   초판 4쇄 발행 | 2010년 11월 11일

지은이 | 박샤론
펴낸이 | 김명호   펴낸곳 | 도서출판 사랑플러스

편집책임 | 김순덕   편집담당 | 조지혜
디자인 | 디자인채이

등록 | 제22-2110호(2002년 2월 15일)
주소 | (137-865) 서울시 서초구 서초1동 1443-26
e-mail | sarangplus@sarang.org
전화 | (02)3489-4300   팩스 | (02)3489-4309

책값은 표지에 있습니다.
ISBN 978-89-90285-89-8 03230

* 독자의 의견을 기다립니다.